La Migra me hizo los mandados

Alicia Alarcón

Arte Público Press
Houston, Texas

Gracias a todos los que me regalaron su historia para contarla.

Esta edición ha sido subvencionada por la Ciudad de Houston por medio del Consejo Cultural de Arte de Houston, Harris County.

Recuperando el pasado, creando el futuro

Arte Público Press
University of Houston
452 Cullen Performance Hall
Houston, Texas 77204-2004

Diseño de la portada por Giovanni Mora.
Arte de la portada por Noé Hernández, "The New American Cowboy".

Alarcón, Alicia 1953–
    La migra me hizo los mandados / por Alicia Alarcón
    p.   cm.
    ISBN 1-55885-367-7 (pbk. : alk. paper)
    I. Title.
PQ7298.1.L325 M54 2002
863'.7—dc21   2002066672
                                                    CIP

♾ The paper used in this publication meets the requirements of the American National Standard for Information Sciences—Permanence of Paper for Printed Library Materials, ANSI Z39.48-1984.

4 5 6 7 8 9 0 1   10 9 8 7 6 5 4 3 2

Índice

El ángel negro 1

Me llamo Pedro Infante y él...Jorge Negrete 15

Unos nachos para llevar 31

Vi cómo la violaban 45

Los asesinatos eran algo común 59

Sólo pensaba en Disneylandia 75

Llegamos al pueblo "Gracias a Dios" 83

Luna de miel en el camino 87

Un descuento por decir la verdad 96

La vieja besucona 103

Arrojó la lombriz del susto 109

¡Bájeme, o lo agarro a cachetadas! 112

Me vendió con el armenio 120

A la muchacha de Nicaragua se la llevó el río 129

Dios nos desapareció de la Migra 134

Nos faltaron 1,400 quetzales 136

El disparo cayó enseguida de mí 140

Mis primas llegaron de California 145

Todo lo hice por él...y me traicionó 147

Por amor a mi "princess" 158

Recién había dado a luz 164

Los soñadores no se dan por vencidos 167

¡Nos vienen siguiendo! 169

Mi historia es como la de tantos niños 171

Un paquete de tortillas fue nuestro alimento 175

¿Serían las plumas en el sombrero? 177

Los del norte llegan muy "pipirisnais" 181

Me dijeron que se ganaba mucho 183

Aterrizamo en Francia y no en Nueva Yol 185

El ángel negro

El día en que mi padre llegó con la noticia de que habían cerrado la fábrica, fue el día en que el presidente José López Portillo anunció el inicio de una era de prosperidad para México y todos los mexicanos. El presidente dijo: "Todos los mexicanos deben saber que el año de 1979 es un año de prosperidad económica. Que nadie dude que México va hacia el progreso y que ha vencido fuerzas oscuras que lo quieren amarrar al pasado". También dijo, "México es el único país en que se han encontrado tres yacimientos petroleros supergigantes en lo que va de la década".

Una semana antes se había publicado en los periódicos de San Luis Potosí el auge petrolero en el Golfo de México, en Chicontepec, Veracruz y en Sabinas. El presidente prometía en su discurso, "La bonanza petrolera llegará a todos los rincones de la República Mexicana".

—¿Tú crees lo que dice el presidente? —preguntó mi padre.

A mis diecisiete años lo creía todo, menos lo que dijera el presidente. Tantas veces le había oído decir a mi madre, "Puras promesas y no hacen nada". Por lo que contesté —No Apá. Puras promesas y no hacen nada.

Sonrió, se levantó de la mesa de madera y apagó la televisión. Yo me quedé mirando la pantalla hasta que todos los puntitos blancos desaparecieron junto con la cara del presi-

1

dente. Se volvió a sentar, mirando de reojo a mi madre que vaceaba los frijoles sobre la manteca bien caliente. —¿Nos vamos al Norte?

El chillido de la manteca me impidió escuchar bien la pregunta. Seguí con la vista el humo que salía de la cazuela y se estrellaba contra las vigas del techo. Mis cinco hermanos jugaban en el otro cuarto. Al cuarto donde estaba con mis papás le llamábamos "grande". Le llamábamos así porque ahí teníamos todos los muebles: la mesa con las cuatro sillas, la hielera para guardar la leche, la estufa, una televisión blanco y negro que con mucho orgullo mi padre había colocado seis meses antes junto a la ventana, "Ya no necesitan ir con los vecinos a ver televisión".

Mi padre continuó, —Tengo un amigo que me ha dicho que es muy fácil cruzar al otro lado de "mosca". Como hijo mayor te toca acompañarme.

Iba a preguntar a qué ciudad de Estados Unidos íbamos, cuando la conversación se interrumpió. Mi madre, de pie frente a nosotros, tenía el rostro cubierto de lágrimas. Había escuchado la conversación.

—Búscate un trabajo por aquí cerca, Martín está muy chico para que te lo lleves a aventurar.

La aventura de cruzar quedó momentáneamente cancelada. Pasaron los meses y la bonanza que prometió el presidente para todo México no apareció por ningún rincón de San Luis Potosí. México tenía mucho petrólero, pero mi padre no tenía trabajo. "Ahorita no hay nada, tal vez más adelantito", le decían.

Dejé la escuela cuando ya no hubo dinero para comprar los libros. Empecé a acompañar a mi padre a buscar trabajo. Fueron pocos los que salieron y mal pagados, pero logramos ahorrar algo de dinero.

La aventura de ir a los Estados Unidos me parecía cada vez más atractiva. Me entusiasmé aún más cuando me dijo que iríamos a Los Ángeles. Yo sabía que en Los Ángeles estaba Hollywood, tal vez conocería a los artistas que salían en la televisión.

Cenamos en silencio. La televisión estaba prendida. El Director de Petróleos Mexicanos, Jorge Díaz Serrano era entrevistado con motivo de la inauguración de una nueva refinería en Salina Cruz, en la costa del Pacífico. "Con estas instalaciones, podremos refinar un millón 335 mil barriles diarios en comparación con novecientos sesenta y cinco mil barriles diarios. Actualmente México exporta 900 mil barriles diarios de petróleo, lo que equivale a 19 millones 200 mil dólares que se reciben por concepto de exportación. El precio del barril mexicano se cotiza actualmente a 32 dólares, lo que lo coloca como el tercero más caro en el mundo, seguido por Libia 34.72 dólares, y el de Nigeria a 34.48 dólares . . . México vive una abundancia . . ."

Otra vez los puntitos blancos en la televisión y la cara de Díaz Serrano borrándose, como se había borrado la del presidente, y como se borraba todo lo que estuviera en la pantalla cuando mi padre decía, "ya es mucha televisión" y la apagaba. Esa era su manera de llamar nuestra atención.

—Martín, llama a tus hermanos. —Todos nos sentamos para escucharlo. Mi madre de espaldas, de frente a la estufa. No hacía falta verle la cara para saber que lloraba en silencio—. Martín se va conmigo porque es el mayor. Nos vamos a ir de "mosca" en el tren a Estados Unidos. Cuiden a su madre. Pórtense bien y, si Dios quiere, pronto nos veremos.

Al escuchar esto, los hombros de mi madre empezaron a moverse casi convulsivamente. Mi padre se le acercó por detrás. Algo le dijo al oído. Ella se volteó y le echó los brazos al cuello. Empezó a sollozar sobre su pecho. Le pedía que se quedara. La escena nos impuso silencio. Al ver a mi madre llorar, mis demás hermanos empezaron a hacer lo mismo. Mi padre alarmado con los gritos de mis hermanos, trató de bromear, —Mira nomás, ese chile colorado que nos diste, nos puso a todos a chillar.

En ese momento sentí un dolor agudo entre las costillas. Toda mi familia lloraba, menos yo. Una tristeza que no había sentido antes me llegaba de pronto. Ya no veía a mis hermanos, ni a mi madre ni a mis amigos ni la ciudad donde había crecido. El dolor se hizo más intenso. Fue como si el corazón se me hubiera desprendido del pecho y me recorriera las costillas abriendo cada una para darse paso. Por largo rato se me dificultó la respiración.

La salida fue poco antes del amanecer. Mi madre hacía un esfuerzo por mostrarse serena. Nos entregó un gran envoltorio con tortas de bolonia y llenó un frasco con agua para el camino. Quise abrazarla y quedarme abrazado a ella por largo rato como lo hacía cuando era niño. Pero esos años habían pasado. Ahora me correspondía, como el mayor de la casa, seguir a mi padre. Le pedí la bendición y le besé las manos al salir. No volteé para atrás.

La central camionera no quedaba muy lejos de donde vivíamos. Después de comprar dos boletos para Mexicali, el dinero que traíamos se redujo peligrosamente, quedando muy poco para el camino. Las tortas hechas por mi madre, un frasco con agua y sus bendiciones fueron todo lo que nos llevamos de nuestro querido pero "jodido" San Luis. Nos sentamos a esperar la salida del autobús.

Un periódico olvidado por alguien daba la noticia. Lo extendí. La noticia ocupaba casi toda la plana.

JORGE DÍAZ SERRANO, ACUSADO DE ENRIQUECIMIENTO ILÍCITO

El líder de la oposición de los trabajadores, Heberto Castillo llevó directamente ante el presidente José López Portillo cargos en contra del Director de PEMEX (Petróleos Mexicanos), acusándolo de aprovechar su cargo para beneficio personal y aumentar sus riquezas . . .

Llegamos a Mexicali después de dos días con sus dos noches. Al bajar del camión, fue como entrar a un horno. Nos dolían las piernas; caminábamos con dificultad. Era el mes de mayo de 1980 y ahí nos dijeron que apenas estaba entrando el verano. No nos quedaba ni agua ni dinero. Mi padre sólo sabía que íbamos a pasar de "moscas", pero no sabía cómo, ni cuál era el tren que salía para Los Ángeles. Preguntando, nos dieron señas de cómo llegar a la estación del ferrocarril. Caminamos despacio, no teníamos para otro camión. Las botas "lecheras", así es como se les conoce en San Luis, me apretaban los pies tanto que parecía como si me hubieran crecido de repente. Disimulaba el dolor caminando erguido. Me consolaba pensando que pronto llegaríamos al tren y de ahí a Los Ángeles, qué lejos estaba de imaginar las aventuras que nos aguardaban.

Llegamos a la estación del tren. Para no despertar sospechas, nos portamos como pasajeros que van de viaje. Estábamos estudiando el lugar cuando se nos acercaron dos individuos, a uno le decían "el Negro" y era del mero Distrito Federal, el otro era de Michoacán. Al principio los recibimos con desconfianza, pero después de un rato, y como no sabíamos qué hacer, ni para dónde ir, les confiamos que queríamos pasar pa'l otro lado. Los dos traían el mismo aspecto de sucios y de cansados que nosotros, o tal vez peor. El Negro daba la impresión de ser un aventurero; de sabérsela de todas, todas. Nos puso al tanto de lo que teníamos que hacer, cómo hacerlo. Nos guió hasta donde estaban los trenes. Salimos por la sala principal, rodeando el edificio hasta ocultarnos en la parte de atrás, lejos de la entrada, muy cerca de unos vagones de fierro. El Negro nos señaló unas góndolas, de esas donde cargan carbón, de las que van destapadas. —Allí nos vamos a ir —nos dijo.

—Pero nos van a ver, —le dijimos ingenuamente—. Además ¿cómo nos vamos a tapar?

El Negro, con impaciencia, contestó viéndonos como se ve a un par de ilusos. —Si serán mensos. No van a meterse arriba, sino abajo, en una esquinita de fierro, entre la góndola y las ruedas del tren.

No entendía cómo ibamos a caber si desde ahí se podía ver lo estrecho del espacio.

Nos adivirtió: —Nomás van a poder acomodar media nalga. Tienen que amacizarse bien.

Según las instrucciones del Negro, debíamos de escondernos abajo de los vagones de carbón antes de que empezara la revisión. Así lo hicimos. Ahí nos quedamos hasta que dieron las 7 de la tarde. El Negro aseguraba que ese tren iba a salir como a las 8 de la noche. Era un ángulo angosto de fierro, una esquinita donde apenas cabíamos. La posición era en cuclillas, agachados. Era el único espacio donde no nos podían ver los que revisaban los trenes de éste y del otro lado. Así, en cuclillas, veíamos enfrente una enorme rueda. Yo la veía inmensa, el terror me hacía verla el doble de su tamaño normal. Cada uno estaba acomodado en una esquina contraria en el mismo vagón. Dieron las ocho y el tren no salía y nosotros adentro. Sin movernos. Con hambre, sudando copiosamente con aquel calor que calentaba los fierros que nos rodeaban. En una hora habíamos consumido medio galón del agua que nos acompañaba. Calculamos que no nos iba a durar mucho. Así estuvimos, en cuclillas, sin hablar, escuchando cada ruido que llegaba de afuera hasta las 10 de la noche. De pronto un ruido como de trueno nos estremeció. Los truenos no eran otra cosa que otros vagones que estaban pegando al vagón donde nosotros íbamos. Con cada ensamblada sentíamos que íbamos a salir disparados, pero resistimos agarrados con uñas y dientes. Fueron ocho truenos, ocho tirones, ocho veces que pensamos que íbamos a salir disparados de nuestra esquina para detenernos con la enorme rueda de enfrente. No sé como

pudimos resistir semejantes remesones. El Negro gritaba,
—Si quieren seguir vivos, agárrense con uñas y dientes.

De pronto se dio un breve silencio, seguido de un silba-
to muy prolongado. Empezamos a rezar dando gracias a
Dios que no nos había aplastado la rueda. El Negro había
calculado que en más o menos un día llegaríamos a los Estados Unidos. Una vez más le falló el cálculo.

El tren avanzó, a veces despacio, a veces de prisa. Era
como si el maquinista tuviera sus propios planes. Las horas
pasaban muy lentas. A ojos cerrados recordaba el chillido de
la manteca caliente al hacer contacto con los frijoles. Veía a
mi madre en una esquina del cuarto grande. Recordaba las
conversaciones de mis hermanas. Su recuerdo me ayudaba a
no rajarme. No podía rajarme. ¿Cómo? Ya iba ahí trepado,
en posición de mosca que busca pasar desapercibida para no
morir aplastada de un sólo golpe. A medida que pasaban las
horas, el cansancio empezaba a poner nuestras vidas en peligro. Hasta ese momento lo que nos había sostenido era nuestra voluntad y la fuerza de nuestros músculos. Sólo haciendo presión con pies y manos a los lados del espacio del
vagón íbamos a sobrevivir. Si nos soltábamos, la rueda de
enfrente, con su filo de guillotina nos haría pedazos. No
podíamos permitirnos ni un sólo parpadeo. Pero el parpadeo
era inevitable. Eran ya muchas horas de viaje, el cansancio,
el hambre y la fatiga empezaron a aflojar mis músculos.
Estuve a punto de cerrar los ojos cuando un grito me despertó. Fue como un milagro. Era la voz de mi padre,
—¿Cómo te sientes? ¡No te vayas a dormir! ¡Agárrate bien!

La voz de mi padre me dio fuerzas para sostenerme. Me
espantó el sueño. Yo también empecé a gritarle. Desde ahí
cada rato nos hablábamos. Descubrí que la voz provenía de
un hoyo que me permitía escucharlo desde el otro lado.
Cuando el tren agarraba velocidad, las chispas de las ruedas
se estrellaban contra mi cara. Pasaron más horas. No sé

cuántas. De repente el tren empezó a bajar velocidad. "Debe faltar poco para llegar a Los Ángeles" pensé. Quieto, sin moverme, esperé instrucciones del Negro. Pasaron como dos horas y nada. Me aventuré a estirar una pierna, luego la otra. Así las estuve alternando cuando de pronto vi enfrente de mí a un individuo. Tenía los ojos hundidos. Estaba sucio. Tal vez más sucio que yo. Me fijé en sus pantalones. No fui el único que se había orinado. Era el Negro. Me dijo que no me bajara, que la parada era porque el tren iba a dejar unos vagones ahí. Lo mismo le dijo a mi padre. Como un fantasma, el Negro se perdió en la noche para acomodarse de nuevo en su espacio.

Una vez más se dieron los truenos, pero ahora venían acompañados de voces. Eran los vigilantes que revisaban los vagones. Traían lámparas en las manos. Las pisadas se oían cada vez más cerca de nosotros. Los pies arrastraban la grava suelta. Dejé de respirar momentáneamente. Estaba seguro que nos habían visto. Los hombres se decían algo en inglés. Para mi sorpresa, las voces se alejaron junto con las pisadas. Empecé a relajarme. Sentí un líquido tibio, suave, recorrerme las piernas. Me estaba orinando. Seguía orinándome cuando sufrimos la más fuerte sacudida que yo haya sentido jamás. Estaba seguro que con el jaloneo de los vagones esperaban vernos salir como vomitados de entre los fierros. Me agarré con mucha más fuerza. Me pareció como un infierno rodante. No eran sólo golpes horizontales, sino también perpendiculares, los aventones venían de todas las direcciones. Aquello parecía no tener fin. El corazón me latía cada vez más fuerte. Sentí tantos sentimientos a la vez: desesperación, impotencia, rabia. Me encomendé a la Virgen de San Juan de los Lagos. Llegué a pensar que lo estaban haciendo adrede porque a mi escondite llegaban voces, gritos y carcajadas de los que estaban moviendo los vagones.

Mi padre empezó a gritar: —¡No se te ocurra salir! ¡No

nos han visto! ¡Agárrate bien!

No sé cuánto tiempo pasó hasta que terminó ese calvario. Escuchamos un enorme estruendo. El ruido fue tan grande como si hubieran chocado con nuestro tren. Como en las tragedias, después del gran ruido vino el silencio. Sin entender lo que pasaba, vi al Negro enfrente de mí, —Pegaron la máquina a nuestro vagón —me susurró. Así como apareció, volvió a desaparecer. Otra vez sentí el arrancón. La velocidad del tren era mayor. Las chispas se volvían lumbre que se apagaba al contacto con las vías. El agua se había acabado. Era el segundo día del viaje sin probar alimento. Me concentré en el recuerdo del olor del cilantro sobre los nopales tiernos, el agua de jamaica. "Tómensela toda porque es medicinal". La carne de puerco en trozo que compraba en la carnicería de la esquina. El aroma del chile y del jitomate hirviendo sobre la carne. El queso blanco y los tacos de requesón por la tarde. El sueño me amenazaba. Pensé en Hollywood. Lo imaginé lleno de luces como un gigantesco reflector sobre el asfalto. Los artistas dando autógrafos en la banqueta.

La rueda que llevaba delante me ayudaba a mantenerme despierto, si caía sobre ella, moriría sin remedio. Hubo un momento en que pensé que estaba soñando. Que todo aquello no me estaba ocurriendo. La voz de mi padre me volvió a la realidad.

—Martín, ya falta poco para llegar. No te sueltes hijo.

—No se apure, voy bien agarrado.

—¿Te acuerdas la primera vez que te llevé al cine?

—Sí. Sí me acuerdo.

—Cuéntamela hijo. Cuéntame la película.

—No me acuerdo de la película.

—Yo sí me acuerdo. Era de luchas, era con el Santo.

En todo el camino, me habló del Santo, de San Luis, del día en que conoció a mi mamá, de la correteada que le dio mi abuelo. No dejó de hablarme. Los párpados me pesaban como dos plomos. Las manos empezaban a ceder, la guillotina estaba a centímetros de distancia. El ruido al chocar con los rieles lo sentía más cerca. Había llegado al límite de mi resistencia.

De repente, el tren se detuvo. La figura de un hombre casi cadavérico estaba frente a mí. Estaba oscuro, quise despavilarme. Creí que era la figura de la muerte. "¿Me habré caído en la guillotina?" Era el Negro. Los hojos hundidos en dos cuencas oscuras. Las palabras como un susurro, casi ininteligibles salieron de prisa: —Bájense. Ya llegamos.

—¿Ya llegamos, Negro? ¿Estás seguro que ya llegamos?

—Sí, aquí es San Bernardino.

—Era la primera vez que escuchaba el nombre de ese santo.

—¿Estamos cerca de Los Ángeles?

—No. Los Ángeles está como a hora y media de aquí. Bájense —volvió a decir el Negro.

La emoción era inmensa. No esperaba que en Estados Unidos las ciudades tuvieran nombres de santos y ángeles. Quise saltar, pero las piernas no me obedecieron. El Negro se impacientaba. Quise brincar, pero el cuerpo no me respondió. El Negro se me acercó y me ayudó a bajar. Despacio estiré las piernas, me temblaban.

—Aquí es San Bernardino —afirmó el Negro.

—¿Seguro que ya estamos en Estados Unidos? —volví a insistir.

—Estamos en Estados Unidos —repitió él.

Mi padre se nos acercó tambaleante. Al michoacano le ayudamos a salir, tardó más tiempo que yo en estirar las piernas. La piel se le había pegado en todos los huesos de la cara. El Negro nos volvió a dar instrucciones, —Ahora a caminar. Procuren que no los vean.

Avanzamos por la orilla de la carretera. Poco a poco las

piernas empezaron a desentumirse. Caminamos entre los árboles. A veces el Negro se nos perdía, confundiéndose entre las sombras. Teníamos que andar de prisa para alcanzarlo. Nos tropezábamos. Seguíamos las vías del tren. Avanzamos una hora sin detenernos.

—Vamos a acercarnos al *freeway.*

La palabra era nueva para mí. Nos concretamos a seguirlo. Una amplia carretera se abría ante nosotros. Había luz, nos pudimos ver las caras. El Michoacano se veía muy cansado, tal vez más cansado que nosotros. Ya empezaba a amanecer. El Negro nos llevó a un camino de tierra paralelo al *freeway.* Estaba desierto. Las botas me pesaban. Me detuve un momento para verme los pies ampollados. Me estaba poniendo de nuevo las botas cuando las luces de un auto se me vinieron encima. Lo quise esquivar, pero fue tarde. El impacto fue tan fuerte que me levantó en el aire.

—¡Ya me mataron a mi hijo! Negro, Martín está muerto.

—No está muerto. Mire está respirando. Martín, ya falta poco para llegar a Los Ángeles. Siéntele el pulso, Michoacano.

No sé cuánto tiempo pasó. Abrí los ojos y vi a mi padre, sentado en el piso, agachado, las manos cubriéndole la cara. El Negro y el Michoacano mirándome fijamente. Mi padre empezó a reír y a llorar al mismo tiempo. Me abrazó. El abrazo me dolía.

—Pensaba en qué le iba a decir a tu madre —me dijo.

No dejaba de llorar. Entre el Negro y el Michoacano me levantaron. Me di cuenta que estaba descalzo, con el impacto, las botas se me habían salido. También me dolía la cadera y la cabeza. Volvimos a caminar, esta vez más despacio. Apoyado en ratos en mi padre y en el Negro, el dolor de la cadera disminuía.

El Negro me daba ánimos, —ya falta poco. No te desanimes.

Cruzamos caminos, matorrales; subimos y bajamos carreteras. Cuando veíamos una patrulla nos escondíamos entre los matorrales. A mí me daba mucho miedo porque pensaba que la policía era lo mismo que la Migra.

Caminamos de San Bernardino a Los Ángeles. La hora y media que me dijo el negro que había de distancia era en carro. A pie hicimos muchas horas más. Nos reanimó ver las luces de una ciudad. —Llegando a El Monte no hay peligro —había dicho el Negro. Seguimos caminando y no veía por ninguna parte el montón de tierra que indicara que estábamos fuera de peligro. —Si serás menso, así se llama la ciudad —dijo el Negro.

En El Monte, el Negro nos condujo a una estación de autobuses. Entramos a la sala de espera, la gente se nos quedaba viendo como si fuéramos fantasmas. Los rostros negros, los labios resecos casi blancos. La ropa enlodada, el estómago pegado al espinazo. Miré al Michoacano, sus ojos no tenían expresión. Era como si se hubiera acostumbrado a no comer, a no dormir, a no pensar. Ni una sola vez se había quejado durante el viaje. Duramos un buen rato junto al bebedero, nos turnábamos para tomar agua, tomamos agua hasta que nos llenamos.

No traíamos dinero para el autobús. Mi padre sacó un arrugado sobre que traía en el pantalón. Era una carta con el domicilio de la señora, amiga de mi mamá. Estaba encargada de un hotelito en Los Ángeles, pero la carta la había recibido mi mamá hacía muchos años. No sabíamos si íbamos a encontrar a la señora.

El negro nos dijo que pidiéramos dinero para el pasaje. Era la primera vez que mi padre y yo pedíamos dinero a gente extraña pero lo hicimos. Después de casi una hora conseguimos dos dólares, justo lo que necesitábamos para el pasaje a Los Ángeles.

Subimos al autobús, me pegué a la ventanilla. Era la

primera vez que veía tantos carros tan nuevos en una carretera. El autobús los rebasaba con facilidad. Mi padre le mostró la dirección al Negro quien se acercó al chofer con instrucciones de bajarnos en una esquina del downtown.

—Ahí les queda cerca —nos dijo.

Observé de reojo al Negro. Era como una sombra. Los labios gruesos, las cejas rectas y los ojos fijos en un punto distante. Había sido un héroe. Gracias a él no habíamos muerto aplastados en las vías del tren. La gente pasaba a su lado sin mirarlo. "Mírenlo es un héroe", pensaba. La despedida fue rápida, casi impersonal: —Nosotros vamos a seguir hasta Huntington Park.

El Negro tenía razón, el hotelito nos quedaba cerca.

En el trayecto pensábamos en lo que íbamos a hacer si no encontrábamos a la amiga de mi mamá. Sin conocer a nadie. Sin saber a dónde ir o cómo empezar, tocamos la puerta. Para nuestra fortuna, la amiga de mi mamá nos recibió. Las presentaciones fueron breves, no necesitó de explicaciones. Nos llevó por un pasillo y nos condujo a un cuarto. Había una sola cama. No despertamos hasta el siguiente día.

Abrí los ojos, traté de levantarme, pero no pude. Mi padre me tranquilizó, —¿No te puedes parar verdad? Yo tampoco.

Era como si alguien nos hubiera golpeado las piernas durante toda la noche. Nos examinamos las pantorrillas. Aquello parecía un campo de hongos extendidos, cubiertos con la piel de nuestras pantorrillas. No había espacio donde no hubiera una protuberancia. Empezamos a sobarnos frenéticamente. El dolor al pisar me arrancaba lágrimas. Tal vez era el motivo que necesitaba para desahogarme de los sustos que viví en el camino. No salimos del cuarto en dos días. La amiga de mi mamá nos llevó comida en dos ocasiones. Nos prestó un ungüento para bajar la hinchazón.

Al tercer día mi padre salió a buscar el periódico para buscar trabajo. La noticia venía en letras grandes.

Tambalea recuperación económica de México. Se descubre corrupción en PEMEX. Denuncian también a líderes que utilizan empleados para laborar en sus ranchos.

—Las cosas no van a cambiar en México. Hicimos bien en venirnos —dijo mi padre.

La primera semana fue para buscar trabajo. A mi padre le dieron turno en una fábrica. Yo tardé más, tenía diecisiete años, pero representaba quince.

&   &   &

Cuando salí de mi casa no lloré, me atraía la aventura de viajar a los Estados Unidos. Tampoco lloré cuando me despedí de mi madre, pero ahorita sí estoy llorando. Las lágrimas se me salen y no hay forma de detenerlas, no quiero detenerlas. Es como si al contarlo, lo viviera otra vez. Lloro de tristeza por todos los que se están cruzando ahorita de mil maneras, pero también lloro de alegría porque estoy vivo. Me casé con una muchacha de Jalisco. Tengo tres hermosos hijos. Un buen trabajo. Muy pronto me voy a hacer ciudadano. Esto lo cuento para que los que ya estamos en Estados Unidos no sonsaquemos a los de allá. El camino es difícil. Muy difícil. Dios es testigo de lo díficil que es.

Martín,
Los Ángeles, California

Me llamo Pedro Infante y él...
Jorge Negrete

Carlos, mi cuñado, a la menor oportunidad, se afanaba en ser amable conmigo. Era novio de mi única hermana, quien casi finalizaba el bachillerato y como buena estudiante, le esperaba la universidad. Carlos era albañil. A mis padres nunca les pareció esa relación; a mí menos. El colmo fue cuando apenas unos días pasada la graduación de mi hermana, ¡éste se la robó! ¡Se la robó en bicicleta! Se casaron y la pobreza se les vino encima, y la escasez de trabajo aumentó. Ella con sus frustraciones: su carrera truncada, su vida, la pobreza, y todo a sus dieciséis años.

Un amigo me invitó a Los Ángeles. Un contratista nos ofrecía trabajo. La idea era pasar por Tijuana. Motivé a Carlos, intercedí por él ante mi hermana convenciéndola de que era lo mejor. Accedió. Puse fecha de salida: finales de julio de 1994. Mi propósito era alejarlo de ella. El suyo, ¡prosperar! Como no éramos de mal ver, nos hicimos pasar por miembros de la Comisión Legislativa que investigaba el caso Colosio y pudimos conseguir unos pases de autobús. Ahorramos un cincuenta por ciento de gastos en pasajes. A las 10:50 de la noche abordamos el camión rumbo a Guadalajara y cerca de las doce llegamos al periférico para transbordar más tarde el autobús con rumbo a Tijuana. Todo iba bien.

La llegada a la frontera fue de madrugada. Un taxi nos llevó a hospedarnos cerca del negocio del amigo invitador y, a la mañana siguiente, en cuanto abrió, nos presentamos. Ya nos esperaba porque habíamos hablado por teléfono con él. Este amigo nos llevó a desayunar, y mientras comíamos le dije lo que pensábamos hacer, le externé nuestros planes de venirnos para el Norte. La idea le pareció descabellada, sobre todo porque sabía que yo no tenía pasaporte y que su pariente, "el pollero" que nos iba a ayudar, había sido detenido recientemente, anulando así el único contacto confiable que él tenía para "brincarnos". Sin embargo, nuestro ánimo no decayó. Buscamos a alguien que nos pasara en el centro, pero nadie cobraba menos de mil dólares. De ninguna forma podíamos pagarlo, pues traíamos muy poco dinero.

Alguien nos dijo que por las playas de Tijuana se pasaba mucha gente. Mi cuñado y yo nos fuimos allá y luego vimos cómo "los coyotes" organizaban a su gente, gritándoles:

—Camisas claras no lleven . . .

—Hey, sólo un bote de agua . . .

—No cachuchas . . .

—Dos cambios de ropa oscura . . .

—Tennis, sólo tennis . . .

Eran tres los polleros. Dividieron el contingente, uno a cada lado con su grupo y el de arriba de la pared divisoria que, por silbidos claves, se comunicaba con los otros: un tono indicaba corre grupo uno; otro, sigue grupo dos; una tonada, agáchate uno, o agáchate dos, o devuélvanse todos.

—¡Yo te voy a cruzar! —le dije a Carlos.

Se limitó a reír mientras yo me autonombraba "cabrón". Llegamos al *swap meet* de la Calle Cinco y Diez, ahí compramos ropa y calzado adecuado. Comimos y fuimos a compartir el plan con mi amigo. Casi nos encadenaba para impedirlo. No pudo convencernos. Le encargamos nuestro equipaje y dinero para que nos lo entregara del otro lado cuando lográramos cruzar. Todo estaba listo.

Llegamos a la playa a las cuatro de la tarde. Había pocos . . . y miedosos. Me paré en la cerca como había visto que lo hacía el "coyote". Observé el terreno, vi la Migra, ubiqué sus posiciones, calculé su ángulo de visión a la distancia, tracé nuestra trayectoria, y, en menos de dos minutos, entusiasmado grité: —¡Ya sé cómo . . .! ¡Vamos!

Por un hoyo bajo la cerca, nos dejamos rodar en una hondonada, seguía un camino de arena clara finita y profunda. Nos detuvimos un momento, las huellas profundas delatarían nuestros pasos. Como fui Boy Scout, tomé una rama seca y cruzando rápido y de espaldas, con ella disipé el rastro, como los Apaches. Enseguida escuchamos un ruido, corrimos a escondernos tras un arbusto. Una camioneta se movía. Quietecitos un rato y, a las tres, corrimos como cien metros entre el breñal, rumbo a la playa. Había un canalito lleno de juncos y bejucos por donde cruzamos la frontera con rumbo a San Diego. De repente oímos un ruido. ¡El mosco! (El helicóptero de la Migra) y, ¡Zas! nos tiramos en los charcos, cubriéndonos con las matas. La clave era no doblarlas, pues de arriba, seguramente se apreciaría el sendero tras nosotros . . . y así le hicimos en dos o tres ocasiones hasta que ya no escuchamos nada. Frente a nosotros, un espacio de como cincuenta metros nos separaba de una valla de árboles llena de bambúes y paralela a la pared divisoria que habíamos dejado atrás. A nuestra izquierda podíamos ver la playa y el mar, a la derecha estaban las patrullas de la Migra. Opté por mirar a la Migra, el miedo nos empapaba tanto como el sudor que se escurría por nuestra frente y mojaba nuestras espaldas.

Carlos y yo rodamos de lado, poco a poco, hasta llegar a la arboleda que nos serviría de camuflaje. Vimos otro camino, estaba arenoso, parecía ser igual al que habíamos cruzado. Antes de averiguar hacia dónde nos iba a conducir el otro camino, decidimos descansar. La escena anterior de "Rambos", nos había hecho sudar, acelerar el ritmo cardiaco y segregar adrenalina a chorros. Estábamos apenas recuperando el aire cuando, a lo lejos, ¡vimos la Migra! A la derecha estaba una patrulla que con sus faros iluminaba hacia donde estábamos escondidos. Al otro lado estaba una caseta que dividía los dos carriles del camino. Observamos con cuidado desde nuestro escondite. La patrulla se arrancó hacia nosotros, cuando se topó con otra patrulla, ambos conductores se saludaron y la que venía hacia nosotros siguió a la otra. Nos dimos cuenta de que eran varias y que daban vueltas en círculos por la misma ruta. Se me ocurrió que entre el encuentro y el saludo, muy bien podíamos avanzar hacia la caseta, así lo hicimos. Nos acercamos. ¡Estaba vacía! De pronto, en esa intersección, de frente nuestro venían unos jinetes, nos quedamos tiesos, eran unos rancheros americanos que al vernos nos saludaron, siguieron sin inmutarse; tal vez deseándonos suerte. Nosotros acostados, seguimos rodando, con las cabezas apuntando a las patrullas, pidiéndole a Dios que estuvieran distraídos o que su visión a la distancia sólo captara un pequeño balón rodando. De un salto alcanzamos un zacatal que nos protegió de ser vistos. Luego, una leve carrera y llegamos a un canal de fango pestilente de dos metros de ancho que fue el siguiente obstáculo. Bien pudimos escuchar a los "moscos" rondando sobre nuestras cabezas, andaban dando vueltas y vueltas.

Esperamos el siguiente encuentro. Corrí, me impulsé, salté y caí dentro del canal, hundiéndome lentamente. Carlos no se movió, veía como el zacatal se movía con sus carcajadas. Esperó hasta que pasaran los "moscos". Saltó a la otra orilla apoyando su pie sobre mí. Limpiecito, buscó una rama, me la tendió y colgado de ella, me arrastró hacia afuera . . . ¡puff . . . olía a rayos!

Debajo de un árbol había ropa seca pero sucia; tal vez los que cruzaban por ese mismo lugar la iban dejando a su paso. Buscamos prendas que nos cubrieran. Ahí dejamos las chamarras, los pantalones y las camisas, nos pusimos otros pantalones y otras camisetas, dos tallas más grandes. El campo que nos esperaba no tenía follaje para escondernos, vimos a cierta distancia un montón de árboles, corrimos sin parar hasta alcanzarlo. De repente vimos un "mosco".

—¡Nos vio un helicóptero! —gritó Carlos.

El "mosco" descendió sobre nosotros, el aire de su aleteo movía las ramas que nos cubrían. Hechos "bolitas" salientes e inmóviles, pensaba que el objeto que traía "el mosco" bajo de él, era alguna especie de detector de calor o movimiento y que así, empequeñecidos, su sensor delataría un conejo o cualquier otro animal pequeño. Los nervios me impidieron oír perfectamente lo que dijo el altavoz del aparato. Se oyeron gritos, llantos, una corretiza de algunas personas que estaban ahí "clavadas". ¡No estábamos solos! Los ruidos se alejaron, persiguiendo tal vez a algunos en el bosque.

Decidimos caminar por el lecho de un río que, sólo en algunos espacios tenía algún pequeño charco o rastros de humedad, había muchos insectos. Caminamos por él como treinta minutos y decidimos salir a ver dónde andábamos. Un ruido a la derecha nos obligó a descubrir a un "coyote" que apenas asomaba la nariz sobre una roca para atisbar el terreno. Me le acerqué, tal vez sin la precaución debida, lo pude ver bien a pesar de la bruma, el rostro redondo, los ojos húmedos, la nariz ancha respirando aceleradamente. Me regañó, asustado me indicó que en ese momento no se podía continuar, que era mejor esperar la noche. Cuando oscureció, cientos de lámparas gigantes iluminaron el único camino que, ahora parecía un puente, aunque por el miedo y las condiciones, yo lo veía como una gran pasarela para las Miss Universo. No esperé más, Carlos y yo iniciamos una desbocada carrera al frente, con todo el ánimo puesto en convertirnos en gacelas. Y ¡sopas! que azoto de costado sobre una afilada roca que me abrió el costado sobre la cadera derecha. Carlos, al verme, se detuvo metros adelante, era un atleta. Rodamos entre el zacatal a un lado del camino, mi herida sangraba copiosamente y el dolor era insoportable. Aun así, insté a Carlos a continuar en cuanto "el mosco" y su cegadora lámpara volara sobre nuestro escondite. Hubo que descender de nueva cuenta a la vera del camino en dos o tres ocasiones ya que las patrullas pasaban cerca, pero enseguida retomábamos el camino a toda carrera.

La primera casa del poblado, pasando las granjas, fue nuestro destino; no tenía reja. Tenía un bonito jardín y, entre unos cipreses, pegados a la ventana, una manguera con la que nos "bañamos" y "lavamos" la ropa. Nos peinamos. Todo fue en capítulos, pues el patrullaje era incesante y regular, hasta que un vecino gringo gritó: —*Hey! What are you doing?* —Carlos no contestó y empezó a caminar, mientras me llamaba. Le seguí a medio vestir, cada uno por una banqueta. Ya adelante le di alcance y fingiendo platicar en inglés, nos topamos con gente, procurando hacerlo normalmente, aunque hediondos y empapados. Un helicóptero pasó y su luz nos cubrió. Nos obligó a entrar a una casa. Lo hicimos como si fuera la nuestra, pero las luces que se encendieron en el exterior nos asustaron aun más. Pasó la luz y saliendo sigilosamente, continuamos.

Un señor, bajito, moreno, recargado en una puerta, nos observaba. A él nos dirigimos, le pedimos ropa y se ofreció a darnos un cambio, nos dio instrucciones de seguir hasta el parque, donde había más "mojados". Cuadras más adelante nos alcanzó con ropa. Rechazó el dinero que le ofrecimos. Nos cambiamos en un jardín; la muda era más corta pero limpia. En el parque terminamos de arreglarnos: sin lodo en los zapatos y perfectamente peinados.

En una estación de gasolina me informaron cómo seguir adelante. Había que tomar el Trolley. El siguiente problema era que sólo contábamos con dinero mexicano y la hora no era del todo adecuada para ir a una casa de cambio o a un banco, además que desconocíamos el trámite. Por suerte, afuera de la tienda que expedía los boletos, una pareja mexicana, dándose cuenta de nuestra situación, nos cambió apenas lo suficiente para los pasajes. Tomamos el Trolley a San Diego. En el último vagón él y yo nos sentamos hasta atrás, por si algo llegara a pasar habría tiempo de avisarnos y huir. Nada pasó.

Íbamos viendo las estaciones que pasaban y las seguíamos en los mapas ubicados en las paredes del transporte hasta que descendimos en la estación Santa Fe. Eran las diez de la noche. Hora de dormir. Por suerte, había muchos hoteles en el lugar, escogimos el más cercano a la estación de trenes y nos acomodamos en su jardín. Entre arbustos y sobre el paso, a un ladito de la banqueta, un *Atalaya* (revista de los testigos de Jehová) nos cobijó. Eran las cinco de la mañana cuando el ruido de los automóviles me despertó.

Carlos y yo nos fuimos a la estación, justo salía un tren de carga. Nos colgamos. El tren avanzaba paralelo a las vías del Trolley y advertí el nombre de las estaciones vistas la noche anterior. ¡Íbamos al revés! Saltamos y volvimos sobre nuestros pasos, por sobre las vías por espacio de una hora aproximadamente, hasta que vimos que, debajo de un puente, tres mexicanos se vestían apresuradamente, como si acabaran de tener sexo. Uno de ellos, el que se nos figuro "pasivo" se mostró amigable, aunque apenado por sorprenderlo con aquellos. Nos advirtió que no camináramos en propiedad federal.

—Los pueden detener. ¿Apenas cruzaron? —preguntó.

—Sí, anoche —respondí.

—Y, ¿supongo que no han desayunado? Miren, vayan a

la misión. Aquella casa grande, color naranja de techo y tejado como verde. A las siete dan pan y café. ¡Vayan!

Nos enfilamos hacia allá. Ya había una línea como de cien personas, todas menesterosas, negros, muchos gringos y unos cuantos que hablaban español. Nos acercamos a un grupo de ellos. Había un cubano, al que se le salía la placa dental cada vez que hablaba; un salvadoreño rubio al que le decían Cristo por su parecido con Jesucristo; un nicaragüense negrito, delgado, chaparrito, con unos audífonos bien grandes y un corte de pelo muy a la moda; también había un mexicano que se parecía a Rafael Inclán (cómico mexicano), presumía de robar carros. Nos juntamos con ellos, platicamos y nos asesoraron para continuar nuestra travesía a Los Ángeles. Del café y el pan, los seguimos a otra misión donde a las ocho, uno se podía bañar. Ya había línea y aún no abrían. Adentro daban shampoo, jabón y con *ai-dí* (identificación), le daban un rastrillo y una toalla. Lo único malo era que había decenas de regaderas en un espacio abierto y común. ¡Teníamos que bañarnos juntos!

La sorpresa fue la magnitud del tamaño de los miembros de aquellos negros. ¡Chispas! La fama que tenían era justificada. Le pedí a Carlos que alternáramos el turno del baño a fin de protegernos si se nos caía el jabón. No quisimos arriesgar un ataque a nuestra integridad.

Ya bañaditos necesitábamos ropa, el Inclán y el Cristo nos llevaron a cambiar nuestros pesos por dólares a un mercado. De allí nos llevaron a una tienda de ropa usada, donde hasta ellos se "ajuariaron".

Regresamos a la misión donde los jardines servían de asoleadero para todos los mendigos. Nos tiramos junto a una gringuita simpática, joven y gordita a quien llamaban la Gata, hablaba un español mocho pero entendible. Nos ofreció trabajo en las noches, ¡vendiendo droga! Ahí afuera, habían expendedores de todo color: ¡mota, coca crack, piedra, pastillas!

Carlos se metió a explorar el interior de la misión, había hasta un lobby y salones de lectura. Yo me quedé galaneando, cuando una patrulla se paró frente a la puerta y descendieron dos agentes jóvenes, vestidos de civil. Nos cuestionaron, a la Gata, a mí y a un cholo con múltiples tatuajes del número 18 —una de las pandillas más temidas de Los Ángeles. Vieron su récord, lloraba como un niño; no tenía más de diecinueve años; juraba que se trataba de un error. Se lo llevaron a rastras.

Carlos salió riendo junto a Cristo quien le había dicho que la salida debía ser al día siguiente. Mientras, teníamos que buscar dónde dormir. La solución: Otra misión de San Diego. Protestante, por supuesto. Católicas nos dijeron que no había. Tuvimos que hacer fila por tres horas en la banqueta de enfrente a ese otro edificio, abrían justo a las siete y sólo por unos minutos.

En el tiempo de espera, unos americanos apuestos, elegantemente vestidos y en lujosos automóviles se estacionaban frente a nosotros. Nos observaban con detenimiento hasta que algún "aventado" se les acercaba. Algo hablaban, y luego se subía al carro y, al cabo de una hora, volvían para formarse aquél con ropa nueva, bañadito, con tenis de marca y tal vez con dinero en los bolsillos. Uno de ellos se nos acercó, enjoyado y descarado. Se dirigió a Carlos, diciéndole, —Sufres porque quieres. Estás muy guapo y no necesitas ni trabajar, pues yo te mantendría. Sólo estarías descansando en casita y nos relajaríamos por las noches.

El comentario provocó risas maliciosas entre todos. Yo le dije a Carlos: —Por mí, ni te fijes. Aviéntate.

El rostro se le puso como una granada. Rechazó la invitación. Dieron las siete y abrieron la misión. Nos pasamos a un gran salón tipo auditorio. Parecía un templo. Participamos en la ceremonia con oraciones, cantos, gritos y aplausos. A mi lado, un tipo hediondo al que apodamos el Mugres, muy amigo de la flota con que andábamos, oía música en sus audífonos, mientras contoneaba su cuerpo. Un hombre se le acercó, —Hermano, por respeto, si le van a dar de cenar, y si no entiende, por lo menos aplauda pero no baile como lo está usted haciendo.

Dieron las nueve y dieron también la cena. Nos dieron muchísimo. Había un negro gordo, apoltronado tras un escritorio. Él se encargaba de registrar los alojamientos y de distribuirlos. El Cristo nos animó a dirigirnos a él y, con otros nombres, nos recibieron con la advertencia de ser sólo por una noche. Tomaron nuestra ropa sucia y nos dieron otro juego completito de ropa nueva hasta con zapatos. Pero antes, nos dimos un baño obligatorio para después acostarnos a dormir con batas de hospital. Las literas eran cómodas y el lugar muy limpio y pulcro en exceso. Además podíamos solicitar que nos despertaran temprano para alcanzar el tren, así que nos despertaron exactamente a las seis de la mañana siguiente. Un americano discreta y atentamente nos levantó. Ya listos nos condujo a un enorme comedor donde desayunamos en abundancia, verduras, *pancakes,* café y leche. De ahí a la oscura calle. Pero, horror, nos equivocamos en los horarios. En la estación nos percatamos de que el tren que iba a Los Ángeles salía a las 11 de la mañana. Nos regresamos a tomar un café. Nos encontramos con el grupo que, puntualísimos, ocupaban los primeros lugares de la fila. Estábamos adentro y desde ahí empezaba la fila que salía a la calle y se empezaba a extender a lo largo de la cuadra. Conversábamos cuando una corrretiza en el exterior de la misión nos hizo asomarnos. Era la Migra que interrogaba a todo el que iba saliendo.

No sabíamos qué hacer, era tarde para correr. Nos denunciaríamos. El pánico se dibujó en el rostro de Carlos. El *security* nos instaba a salir. La fila seguía avanzando. Una vez servida la persona, con el plato en la mano, la salida era obligatoria. Así que decidimos formarnos de nuevo. La tercera vez que lo hicimos, el guardia se acercó a nosotros. Pensé que nos iba a denunciar. Los agentes de inmigración estaban a sólo unos metros. Seguían interrogando y pidiendo documentos a los que salían. Dos personas adelante y seguíamos nosotros. No podíamos formarnos de nuevo, el guardia nos observaba. Me imaginé esposado, Carlos resignado a mi lado. Quise rezar y no me acordé de ninguna oración. Seguíamos nosotros. En ese momento, ¡Milagro! Los agentes se fueron sin llevarse a nadie. Del susto, el apetito se nos había ido y el estómago nos hacía estragos. Dejamos las charolas y fuimos al baño, luego al jardín. Me acosté cerca de unas negritas de generoso escote y, en mi corto inglés, las cortejé. Una de ellas se me acercó, le acaricié sus intimidades, ella hizo lo mismo. Me despertaba curiosidad su pelo. Lo toqué. Como un espiral, el pelo hirsuto se enredó en mis dedos. Se me ofrecía a cambio de una soda. No traía ni para eso.

A las diez había que volver a la primera misión a desayunar. Ubicamos el transporte de carga y cuando partió, lo esperamos cuadras adelante. Iniciamos la carrera tras él, era peligroso, una caída pudiera hacernos perder una pierna, o quizás, la vida. Sin embargo, subí; ¡pero Carlos no! Tuve que bajar, estaba molesto por su indecisión. Tuvimos que llamar al contratista, hermano del invitador tijuanense para avisarle del retraso. Ya era tarde para ir al desayuno así es que volvimos con las negritas. Antes de llegar, un señor negro y gordo al pie de su camioneta blanca, nos dijo algo. Entre dientes, le contesté denegando la invitación.

—¿Quiere darnos trabajo? —preguntó Carlos.

Él ratificó y aceptamos irnos con él en su camioneta. Había que levantar un cerco lateral de madera a un lado de su casa, abrir pozos, instalar barrotes y fijarlos en cemento, para recargar ahí las duelas de madera roja. Las cuatro horas de trabajo se duplicaron porque el material no llegaba, el patrón, generoso, nos brindaba salchichas asadas y sodas frías en vastedad. Al terminar nos pagó cuarenta dólares a cada uno. ¡Ya éramos ricos! Emprendimos nuestro camino de regreso a la misión a dormir. Con otros nombres, nos alojaron de nuevo. Asistimos al "show religioso". Gritos, llantos, conversaciones y aplausos. Los convertidos podían quedarse a vivir dentro de la misión con algunas prestaciones y una compensación económica. Por poco nos animábamos. Espiritualmente nos sentimos renovados, Carlos me habló de mi hermana. La separación lo ponía cada vez más triste. Salimos al jardín. Sobre el pasto, cubiertos con una cobija, a la vista de todos, una pareja fornicaba. Otros, más allá se drogaban.

Cristo traía un número telefónico de un lugar donde asistían a personas con problemas para regresar a Los Ángeles. Llamó y, en un buen inglés, mintió diciendo tener descompuesto su carro en el *freeway*. Les dijo que necesitaba volver a Los Ángeles con su familia. Le dieron una dirección. Nos fuimos para allá. Al llegar, llenamos unas formas. Un pastor negrito, muy buena gente, nos entrevistó. Nos dio para el autobús, nos entregó un papel con instrucciones de las subidas, bajadas y cómo usar los *transfers*. También nos dio una bolsa llena de alimentos enlatados.

El primer camión lo tomamos en el centro de San Diego rumbo a La Jolla, pero desconociendo el uso de los *transfers* y la existencia de itinerarios exactos, perdimos algo de dinero y muchos camiones. Antes de tomar el bus de Oceanside, lonchamos las latas que llevábamos. Llegamos allá y abordamos el siguiente camión que atravesaría el campo militar Pendleton. Lo que también desconocíamos era que a la entrada del campo, subía un marino al bus, diciendo:
—*Papers . . . Papers . . .*

Ahí nos bajaron. Nos detuvieron, nos pidieron datos y nos esposaron. En cuestión de minutos llegaría la camioneta de la Migra. Al marino que nos custodiaba le rogué, le supliqué, le conté de todo lo que habíamos sufrido para llegar hasta allí. Le pedí que se hiciera el disimulado. Me escuchó en silencio. Su mirada había dejado de ser fría, penetrante, se acercó al escritorio. Se asomó por la ventana. Tomó la llave de las esposas. Nos miraba con compasión. Escuchaba la respiración agitada de Carlos. Nos iba a soltar. —No puedo dejarlos ir. Ya los reporté a inmigración —nos dijo arrepentido. Yo seguí insistiendo, se disculpó por no poder ayudarnos—. Los de inmigración no deben tardar.

No nos resignábamos a ser deportados, hice intentos por librar mis muñecas del metal que las apresaba, pero sólo llegaba a media palma derecha, lastimándome bastante, sin resultados favorables. Por su parte, Carlos ya se había zafado una de las manos y me la mostraba satisfecho. Rápido le pedí la volviera a esconder tras de sí, mientras yo procuraba distraer al guardia. Me acerqué a Carlos para que tomara de mis bolsillos mapas, direcciones y dinero. La idea era que él llegara a Los Ángeles aunque fuera solo. Después de indicarle el tren que pasaba justo enfrente, me levanté del asiento y me dirigí de nuevo al marino, inicié una plática trivial sobre los cuadros de los generales que adornaban la estancia. Me fue relatando, una a una, sus vidas y pesares . . . Tan entretenidos estábamos que no supe en qué momento Carlos salió de ahí.

Llegaron los agentes de inmigración, uno de ellos oriental. Se habían reportado dos y veía sólo uno. Pidió explicaciones alzando la voz y exigiendo una respuesta del guardia. Llegó otro oficial. A sus preguntas yo solo atinaba a decir —*What?*

Arrestaron al marino y, en un santiamén, el hervidero de marinos se dejó ver, llegaron hasta en jeeps. Era como una escena de una película de Rambo. La búsqueda se dio por todos lados.

Un oficial viejito, muy sonriente, me interrogó de buena manera. Me habló del peligro en que se encontraba Carlos: —Lo pueden confundir con un asesino y le pueden disparar.

No deseché la posibilidad, pero me mantuve firme. Me subieron a una blazer de la Migra y el viejito con el altavoz comenzó a llamarlo: —¡Jorge Negrete, sal! Aquí está tu amigo Pedro Infante . . . ¡Sal! . . . es muy peligrosouh andes ahí . . .

Me pasó el micrófono para que lo convenciera de entregarse. Alcancé a gritar: —¡Pélate, pélate . . . ya la hiciste!

Me arrebató el aparato con violencia. Estaba muy molesto conmigo. Regresamos al lugar donde buscaban los marinos. Transcurrieron casi cuatro horas y llegaron con Carlos, quien entre risas, me narró cómo se había quitado los boxers y, con ellos, a manera de vendaje pudo cubrir las esposas pegadas a su antebrazo. Se había subido a un árbol y desde ahí había observado toda la movilización de agentes y marinos. Había esperado a que se alejaran un poco. Salió de su escondite para refugiarse en un tubo de drenaje cercano a la carretera y ahí esperó el autobús. En cuanto lo vio acercarse, lo abordó sin problemas, pero en la revisión de San Clemente lo descubrieron y lo regresaron al campo militar. Otra vez estábamos juntos. La Migra nos llevó a un centro de detención donde esperaron a más "mojados", hasta llenar un camión que un texano-mexicano nos puso a asear de "pi a pa". Nos permitió tomar los jugos y galletas que quisimos hasta que nos llenamos . . . Llegamos a Tijuana a la medianoche.

—¿Qué? ¿Lo van a volver a intentar? —preguntó el agente texano.

—Sí. Mañana mismo —respondí.

Nos despidió con una palmada en la espalda, deseándonos suerte. Empezaba a amanecer cuando tomamos un taxi que nos llevó al centro. Desde ahí telefoneé a mi amigo quien nos dio señas de cómo llegar a su casa. Un par de tequilas nos animó a cantar. Nos dormimos temprano. Al levantarnos, mi amigo ya se había ido a su oficina, nos dirigimos al tianguis de la Francisco Villa. Estábamos listos para reiniciar el viaje. Esta vez sí cambiamos suficiente dinero y nos fuimos a la cerca, al hoyo, a corretizas, a caminos, a juncos, a la valla de árboles, al canal pestilente pero ahora con dos cambios de ropa puestos no nos importó ensuciarnos. Como las culebras, nos mudamos de piel debajo de un árbol . . . el lecho del río, el puente, el pueblo, el trolley y San Diego. Llegamos tarde a la misión y hubo que dormir en la calle, tras unos platanares, cubiertos con periódicos, muy cerca a la misión del café, a donde nos dirigimos bien tempranito. Saludamos a la gente de siempre. El grupo de latinos se burlaba de nuestro rápido regreso. Las risas se convirtieron en carcajadas cuando les platicamos lo que nos había pasado. Carlos, cansado, decidió aceptar la propuesta del Inclán de contratar un coyote por 500 dólares.

Yo decidí seguir la ruta de los buses. Llené una botella de agua y subí antes que nadie para mojar los asientos traseros desde la puerta de descenso hacia atrás. Clausuré esa sección con cinta scotch de la que hice pender un letrero: "*Don't trespass*". Se cayó el letrero y dos personas pasaron, un güero y un negro. Al primero lo convencí con ruegos en *pikinglish* para que se pasara adelante, pero al negro no lo convencía. Finalmente, minutos antes de que el bus se parara para la revisión en San Clemente, el negro se conmovió y se mudó a un asiento de enfrente.

El letrero volvió a su sitio, apenas alcancé a clavarme entre los asientos del camión y la pared lateral derecha del mismo. Cuando subió el marino y vio la zona de atrás vacía, no se acercó. El bus siguió su rumbo. Salí de mi escondite agradeciendo a mis esporádicos cómplices. Encontré un par de sandalias, supongo que eran de alguno de los muchachos surfeadores que se subieron al camión cerca de la playa. Las recogí para ponermelas y aparentar ser uno más, para no levantar sospechas de que era un "mojado".

Era de noche cuando por fin llegamos a Los Ángeles. Por suerte, un mexicano que se bajó una hora antes que yo, se ofreció a ayudarme. Le pedí llamar al contratista para que me esperara en la esquina de la calle Main y Séptima. Fue el lugar donde cayó mi dedo índice en el mapa. Me pasé de la bajada, el chofer me regaló un *transfer* para regresar. Desde la César Chávez le llamé a su celular. Treinta minutos después, una camioneta de lujo se me acercó, bajó la ventanilla de la puerta derecha y un güero joven y barbón dijo mi nombre con un signo de interrogación. Feliz, le pregunté el suyo. En el trayecto me percaté que llevaba varias armas consigo. Se justificó diciendo que ese lugar era "calientísimo" lleno de pandilleros y malvivientes. Al día siguiente ya estaba trabajando para él.

Carlos, mientras tanto, seguía sin poder pasar la garita de San Clemente. Varias veces lo habían agarrado las mismas que lo habían devuelto. Por fin, logró pasar. Me lo entregaron en Long Beach. Con el sueldo ganado, pagué el coyote y sobró para festejar. Estábamos felices con nuestro arribo al "País de las oportunidades".

Después de cuatro años de mucho trabajo y poca diversión, Carlos regresó a México, con lo ahorrado pudo comprarle una casa a mi hermana y él se compró un carro. Yo he ido y venido como en tres ocasiones. Siempre burlando a la Migra. De seguir así las cosas en México, más mexicanos lo seguiremos haciendo.

Ulises,
Pacoima, California

Unos nachos para llevar

En Jalpa, Zacatecas, como en todos los pueblos de México, a la ceremonia del grito de Independencia le sigue el desfile del 16 de septiembre. Entre mi mamá y mi tía me habían comprado el boleto de avión a Los Ángeles.

Me despedí de mi abuelo sin saber si lo volvería a ver. Me dio la bendición y, antes de salir, me entregó los ahorros que tenía guardados. Con sus dedos duros, resecos como de roca, deshizo el nudo de su pañuelo rojo y contó el dinero: veinticinco pesos. Me alcanzaba para el pasaje a Guadalajara. Mi abuelo no quiso acompañarme a la estación de autobuses:—Llega por tu amiga Rosi — me dijo.

Jalpa estaba de fiesta. Casas, estanquillos, tiendas, edificios públicos todos lucían banderas mexicanas. La gente ya se acomodaba en las calles para ver el desfile. Cada año, en todo el país, se celebra con desfiles y borracheras la fecha en que México se independizó de España.

Enormes cadenas de papel de china con los colores de la bandera, verde, blanco y colorado, adornaban las entradas a los edificios públicos. Sentí un enorme resentimiento. Era parte de un movimiento de jóvenes católicos. En el grupo se predicaba la amistad, el cariño, el respeto y la ayuda moral y material a quien lo necesitara. Sin embargo, en medio de tantos buenos propósitos, nadie me dio trabajo. Se hablaba de caridad y nadie se ofreció a ayudarme. Había crecido con la seguridad de que los bienes materiales vendrían como una recompensa al trabajo, a la honradez, a la honestidad. Nada de eso había ocurrido. Mi abuelo se quedó sin tierras, y yo, forzada a emigrar para sobrevivir. Había aplicado a mi vida el contenido de las oraciones que cada viernes primero repetía de memoria frente al grupo. Me enorgullecía poder hacerlo. Repetirlas de nuevo me aligeraba el peso de la tristeza que tenía por dejar a mi abuelo: *Creo en ti Señor, pero ayúdame a creer con firmeza; espero en ti, pero ayúdame a esperar sin desconfianza; te amo, Señor, pero ayúdame a demostrarte que te quiero; estoy arrepentido, pero ayúdame a no volver a ofenderte. Te adoro, Señor, porque eres mi creador y te anhelo porque eres mi fin; te alabo porque no te cansas de hacerme el bien y me refugio en ti porque eres mi protector. Que tu sabiduría, Señor, me dirija y tu justicia me reprima; que tu misericordia me consuele y tu poder me defienda. Te ofrezco, Señor, mis pensamientos, ayúdame a pensar en ti; te ofrezco mis palabras, ayúdame a hablar de ti; te ofrezco mis obras, ayúdame a cumplir tu voluntad; te ofrezco mis penas, ayúdame a sufrir por ti. Todo aquello que quieres tú, Señor, lo quiero yo, precisamente porque lo quieres tú, como tú lo quieras y durante todo el tiempo que lo quieras. Te pido, Señor, que ilumines mi entendimiento, que fortalezcas mi voluntad, que purifiques mi corazón y santifiques mi espíritu. Hazme llorar mis pecados, Señor, rechaza las tentaciones, vence mis inclinaciones al mal y cultiva las virtudes. Dame tu gracia, Señor, para amarte y olvidarme de mí, para buscar el bien de mi prójimo sin tenerle miedo al mundo. Dame tu gracia para ser obediente con mis superiores, comprensivo con mis inferiores, solícito con mis amigos y generoso con mis enemigos. Ayúdame Señor, a superar con austeridad el placer, con generosidad la avaricia, con amabilidad la ira, con fervor la tibieza. Que sepa yo tener prudencia, Señor, al aconsejar, valor en los*

peligros, paciencia en las dificultades, sencillez en los éxi-
tos. Concédeme, Señor, atención al orar, sobriedad al
comer, responsabilidad en mi trabajo y firmeza en mis
propósitos. Ayúdame a conservar la pureza del alma, a ser
modesto en mis actitudes, ejemplar en mi trato con el próji-
mo y verdaderamente cristiano en mi conducta. Concédeme
Señor . . . Concédeme Señor . . . Concédeme Señor . . .

Siempre me pasaba lo mismo en la última parte. La
olvidaba momentáneamente. Tal vez porque hablaba de la
muerte. Al final terminaba improvisando. Mis amigos no lo
notaban, sólo el padre Jacinto que presidía el grupo, él también conocía de memoria cada palabra de aquellas oraciones
escritas por el Papa Clemente XI.

Las oraciones me daban mucha paz, pero no resolvían
mis problemas de dinero. El dinero que mandaba mi mamá
desde Los Ángeles alcanzaba cada vez menos para sostenerme en la escuela. Menos pensar en entrar a la universidad.
La solución era reunirme con ella, estudiar inglés y trabajar.
Así le podríamos ayudar a mi abuelo a salir de sus deudas.
Un año antes había perdido sus parcelas. No llovió ese año
y los créditos se le vencieron. El Banco Ejidal no se hizo
responsable y, junto con otro grupo de ejidatarios, estuvieron a punto de linchar al gerente del Banco Ejidal.

Al doblar la esquina del banco, un grupo de estudiantes
con sus uniformes almidonados —ellos de pantalón y camisa
blanca, ellas de falda y saco azul— se preparaban para iniciar
el desfile. Algunos traían tambores y otros cornetas. Ensaya-
ban el Himno Nacional. Escuchar el himno me producía
emoción y, al mismo tiempo, me aumentaba el resentimiento.

La iglesia cercana dio ocho campanadas. Me quedaban
dos horas para tomar el autobús. Quieta, me quedé mirando a
los uniformados que, a la orden de "paso redoblado . . . Ya",
avanzaban. Me veía entre ellos. "Uno, dos, uno, uno, uno dos
. . . Altooooo . . . Ya". Se detuvieron en la esquina. Yo absorbí

las imágenes. Quería llevármelas intactas. Las estudiantes llevaban las manos cubiertas con listones multicolores.

No quería irme. El desfile había empezado. A lo largo de la acera se acomodaban familias completas, unas traían bancos para sentarse, otras extendían colchonetas en el cordón de la banqueta. Sentaban a sus niños en hilera. "Mira qué bonitos listones". El contingente de estudiantes avanzaba. La banda de guerra volvía a tocar. Las muchachas movían los brazos en distintas direcciones. Los listones formaban figuras caprichosas en el aire. La gente aplaudía. Los vendedores ambulantes se anunciaban. "¡Pásele a los tacos de cabeza, tripas y de asada!" Seguía llegando más gente. Algunos no ponían atención al desfile. "Póngale mucho chile a mi elote, por favor". "Alcanza al que vende los algodones de azúcar". "Mi torta que sea sin cebolla". Los estudiantes que iniciaron el desfile ya iban muy adelante. Consulté el reloj, caminé de prisa. La casa de Rosi quedaba cerca de la plaza.

Rosi ya me esperaba en la puerta. Misteriosa, solemne, nunca había querido acompañarme al grupo de jóvenes católicos. —La iglesia es tan culpable como el gobierno de que estemos tan jodidos —me había dicho muchas veces mi amiga.

Desde que estábamos en la secundaria su postura había sido de rechazo a todo lo que estuviera establecido. —Esta bola de ladrones —como le dice mi mamá al gobierno—, fueron los que dejaron a tu abuelo sin tierras y ahora mira, tú te tienes que ir. Eso no es justo, —hablaba como para ella sola.

Tenía ojos azules, casi metálicos y una cabellera muy clara. Su nariz era como un pellizco y sus labios gruesos, muy bien delineados, no dejaban de moverse dando paso a sus palabras que salían apresuradas. —Alégrate que te vas de este pueblo en el que sólo valen las palancas y las influencias. Y olvídate de los mochos de la iglesia que se la pasan orando y predicando el amor y la caridad y si te ven muerto de hambre en la banqueta, te dan una patada para que te hagas a un lado. Vas a estar mejor en el otro lado.

Sus palabras me sonaron frías, casi glaciales. La tomé del brazo. Siguió un profundo silencio. Lo rompí con la promesa de que en dos meses estaría de regreso.

—Tú ya no vas a regresar. ¿A qué regresas si la justicia divina se brincó este pueblo? —Me asombraba con sus análisis y deducciones.

La central de autobuses no era más que una esquina provisional donde llegaba el autobús con el rótulo de Guadalajara. Rosi me ayudó a abordar el autobús. La vi a través de la ventanilla: de pie, limpiándose las lágrimas con el puño cerrado. No me pude contener. Bajé de nuevo y corrí hacia ella y la abracé. Las dos lloramos, nuestro llanto era un gemido, un sollozo. Lloramos por Jalpa, por los campos apacibles y tristes que nos rodearon de niñas, por las tardes doradas y azules, por la angustia de la distancia. Nos estrechamos las manos y prometimos escribirnos cada semana.

Como ferviente católica no debía sentirme angustiada, "Dios proveerá" había dicho tantas veces el padre Jacinto. Pero Dios sólo proveyó a unos pocos, a los políticos y a los parientes de los políticos. Ellos eran los dueños de las casas grandes, controlaban los ríos que atravesaban los campos. Tal vez Rosi tenía razón: "La justicia divina se había brincado a Jalpa".

Cerré los ojos, el olor a guayaba se colaba por las ventanas del autobús. Una lluvia ligera empezó a mojar las calles del pueblo. Un odio repentino me asaltó. Mi corazón se abrío al rencor contra los que tienen todo. Gemí, lloré y hablé para mí misma. Me esperaban una horas desoladas. Las contradicciones se alzaban como gigantescas baldosas sobre mi cabeza. El autobús se abrió paso en medio de una exhuberante abundancia. Los sembradíos enormes. Los árboles estaban llenos de frutas. Las antenas parabólicas como veletas señalaban la dirección del progreso. ¿Cómo podía haber tanta abundancia y al mismo tiempo tanta miseria en mi querido México?

En la central de autobuses esperé otro camión que me llevaría al aeropuerto. El bullicio me espantó la tristeza. Nunca había visto tantos autobuses juntos. Era mi primer viaje en avión y lo único que sabía era que saldría en Aeroméxico a Los Ángeles. El ruido de mis intestinos me recordó que no había desayunado y que la hora de la comida había quedado atrás.

En una pared alguien había pegado un póster con información sobre Guadalajara.

Fuente Tomo 5. Enciclopedia de México. Guadalajara (palabra árabe que significa río de las piedras), capital del estado de Jalisco. Entidad federativa, después de México, con la mayor población, actividad comercial, industrial y de servicios. La ciudad está limitada al Norte por la Mesa de San Isidro, al Sur por los cerros del Cuatro, Santa María y Gachupín, al este por Tonalá al oeste por la sierra de la Venta. En el Valle de Guadalajara vivieron, al final de la época prehispánica, los cocas, tecuexes y caxcanes. Estos grupos desaparecieron sin dejar nada que los recuerde. También habitaron esta ciudad grupos de quinametzin, hombres corpulentos que fundaron Teotihuacán. El escudo de la ciudad lleva dos leones puestos en salto, apoyadas las manos en un pino de oro alzado de verde, en campo azul; está limitado por una orla (franja de tela) con siete aspas rojas en campo de oro; el timbre es un yelmo (pieza de armadura que cubre cabeza y rostro) cerrado y la divisa (lema debajo del escudo), una bandera colorada con una cruz de Jerusalén en una lanza, con lambrequines (adorno en forma de hojas). El significado del escudo de Guadalajara según la Heráldica (ciencia del blasón): los leones significan espíritu guerrero; el pino, perseverancia; las aspas, la victoria; la lanza, fortaleza con prudencia; la cruz, la defensa y la

práctica del cristianismo, y el yelmo, el triunfo en los combates. Durante la guerra de Independencia contaba con
menos de 35 mil habitantes. Fue en esa época en que se
cortaron las provisiones que venían de México lo que propi-
ció la apertura al comercio exterior. En Guadalajara se
dieron acontecimientos y combates que forjaron el destino
de la nación. En 1858 estuvo a punto de ser asesinado Beni-
to Juárez. En 1860 fue escenario de fuertes batallas entre
conservadores y liberales. En el período revolucionario
fueron constantes los combates que se libraron en sus
plazas. A pesar de haber sido el escenario de innumerables
batallas, Guadalajara conserva casi intactas sus iglesias,
conventos y monumentos históricos. La catedral cuenta con
tres portadas concebidas en el siglo XVI. En la portada principal van tres nichos con la Asunción, San Pedro y San
Pablo, posee un frontón circular en cuyo tímpano, los após-
toles asisten a la elevación de María.

La información que más me interesa la dejan al último.
No pude seguir leyendo, me marcé. El autobús estaba a
punto de salir. Me senté sin entregar el boleto. El chofer
estaba platicando con una mujer que se había puesto a un
lado de la puerta. Llevaba una falda negra, sus piernas eran
largas. Los labios eran rojos de un rojo subido. El autobús se
desplazó lento. El chofer siguió conversando con la misma
muchacha que ahora se acomodaba en el primer asiento, se
estiró la falda y se acomodó la blusa pegada al talle.

La información del póster me permitió ver la ciudad con
una familiaridad extraña. Quería preguntarle al chofer si
íbamos a pasar cerca de la catedral. No me atreví. La conversación con la mujer de la falda negra era ahora en voz
baja. ¿En qué momento había oscurecido? La noche se había
alzado sobre el pavimento y no me di cuenta.

En el aeropuerto no sabía qué dirección tomar. Sin
darme tiempo a reaccionar, un empleado del aeropuerto se

acercó solícito a ayudarme. Yo lo rechacé amablemente, pero él insistió en cargar mi maleta. Le dije que no traía dinero.

—Lo que me quiera dar está bien.

Me puse en una fila. Metí la mano en mi bolsa y saqué los últimos cinco pesos que me quedaban. Se los extendí sabiendo que era lo último que me quedaba. En lugar de un cordial "gracias", lo que recibí fue una mirada de disgusto. Poco faltó para que me tirara el dinero a los pies. Me miró con tal rabia que se dio un golpe en la frente y empezó a insultarme en frente de todos. Yo no podía dar crédito a lo que oía. Me señalaba con el índice. La gente se me quedaba mirando. Sentí un terror desconocido. Nunca me había sentido así, empequeñecida, humillada. No sabía qué decir, ni cómo actuar. Hubiera querido estar en otro tiempo, en otro lugar, en otro país. Empecé a rezar en voz baja: *Dame tu gracia para ser obediente con mis superiores, comprensivo con mis inferiores, solícito con mis amigos y generoso con mis enemigos. Dame tu gracia, señor, para amarte y olvidarme de mí, para buscar el bien de mi prójimo sin tenerle miedo al mundo. Ayúdame a conservar la pureza del alma, a ser modesto en mis actitudes, ejemplar en mi trato con el prójimo y verdaderamente cristiano en mi conducta. Ayúdame Señor, a superar con austeridad el placer, con generosidad la avaricia, con amabilidad la ira, con fervor la tibieza . . .*

Mis oraciones no causaron el efecto deseado. Los insultos continuaron. Sentí ganas de huir, pero me quedé parada. Un guardia del aeropuerto se acercó a ver qué pasaba.

—Esta loca me estafó —dijo sin agregar más. Se dio la vuelta y me señaló con el índice hasta llegar a la puerta. La gente me miraba con suspicacia. Hablaban entre ellos. Me contuve de llorar. Busqué un asiento al otro extremo de la sala. Necesitaba escapar de la vergüenza. Fingía una calma que no sentía. Temía que en cualquier momento aparecería el mismo hombre tratando de ahogarme en un océano de insultos. Vencí el deseo de salir corriendo con hambre que se volvió apremiante. Recordé que no había comido desde la noche anterior. Una señorita me explicó el procedimiento, había que esperar la revisión y el anuncio de salida. El pasaje ya lo habían pagado entre mi mamá y mi tía. Sólo llevaba el nombre, hora y número del vuelo de la aerolínea.

Tuvo que haber sido un mandato divino el que me impulsó a hacer lo que hice después. Con el pase de abordar en la mano, me acerqué a un lugar donde vendían tacos y nachos. Con la misma tranquilidad que sentía cada domingo en misa en el momento del ofertorio, pedí dos órdenes de nachos. El queso amarillo cayó lento y vibrador sobre las tortillas recién doradas. Un racimo de chiles jalapeños cayeron de manera desordenada sobre los nachos. Empecé a comer despacio. La ansiedad y preocupación habían desaparecido. Las oraciones del Papa Clemente hacían su efecto. Me sentía inmune a los peligros. Cuando terminé con la primera orden de nachos, la muchacha de grandes ojos grises me dio la segunda orden en una bolsa de papel. Tranquilamente le dije: —Se los debo porque no traigo dinero.

—¡Policía! ¡Policía! —fue su respuesta.

No alcancé a echarme a correr. Con pistola en mano se acercó un policía: —¿Qué pasa aquí? —dijo agitado.

Parecía que alguien me había clavado los pies sobre el piso. No hice ningún intento por alejarme.

—Esta señorita —dijo señalándome—, se quiere ir sin pagar.

—¡Ah! Eso es —dijo el policía más tranquilo, guardando su pistola. Al ver el arma en su lugar, sentí ganas de reír y llorar al mismo tiempo—. ¿Por qué no quiere pagar? —preguntó con voz ronca.

—No. Yo no dije que no iba a pagar. Simplemente no tengo dinero en este momento, pero mi prima está por llegar y ella trae mi dinero.

La Gracia Divina ponía las palabras en mi boca. Nada me podía pasar. Recordé otra oración para los momentos de peligro: *Quien honra al Señor, Él le muestra el camino.*

—Bueno aquí la esperamos —sentenció el policía.

Te doy gracias señor porque me has respondido enseñándome el camino . . . Dios no iba a permitir que por una orden de nachos fuera a perder el avión. No me podía imaginar en la cárcel o lavando pisos en el aeropuerto. Con el aplomo que da la fe, le pregunté al policía: —¿Puedo por lo menos sentarme señor policía?

—Siéntese —contestó molesto.

—En el cielo una hermosa mañana . . . La guadalupana, la guadalupana, la guadalupana bajo el Tepeyac —empecé a cantar en voz baja.

Al escucharme, el policía sonrió abiertamente. Me miraba entre curioso y sorprendido. *Un indio llamado Juan Diego.* Cantaba y comía a la vez. El policía divertido no dejaba de observarme. Pasaron largos los minutos. De pronto escuché al otro extremo el anuncio de salida. Esperaba la señal para burlar al policía. La segunda llamada a mi vuelo, la Justicia Divina, la misma que se había brincado a Jalpa, se hacía presente en Guadalajara. Frente a nosotros apareció un ciego pidiendo limosna: —Una limosna para este pobre ciego.

Dos indiviuos se le acercaron, uno lo tomó por un brazo, mientras que el otro le vació los bolsillos. El policía al ver esto, indignado, con el arma en la mano acudió a su auxilio.

Señálame el camino . . . Corrí con todas mis fuerzas y en cuestión de minutos había atravesado la sala del aeropueto y me encontraba frente al hombre que pedía los pases de abordar para mi vuelo. Fui de las últimas en subir al avión. Me acomodé en mi asiento. Me abroché el cinturón de seguridad. Respiré hondo, mi asiento estaba pegado a la ventanilla. Las alas del avión me parecían gigantescas. Como dos clavos, mis ojos quedaron prendidos a ellas. Empezó a llover, las alas iban empapadas. El avión se elevó sin dificultad. ¿Así se sentirá el viaje al cielo? A mi lado un señor me sonrió, sus dientes brillaban como plata pulida. Apreté las manos, una contra la otra. Llevaba las palmas húmedas. La voz del desconocido me sonó suave, acariciadora.

—¿A Los Ángeles? —me preguntó la persona sentada a mi lado.

—Sí. A Los Ángeles.

Me concentré en las hileras de casas que empezaban a desaparecer debajo de aquellas alas de acero. Jalpa había quedado muy lejos. Todavía se podían distinguir edificios de Guadalajara y a esa altura parecían edificios desnudos, sin paredes ni techo. Atravesamos muchos campos, para mí eran campos muertos, estériles, que no alcanzan para todos los que tenemos hambre.

Nunca había viajado en avión. La sensación era extraña. Consulté el reloj. Eran las 8 de la noche. Hora en que nos juntábamos todos los muchachos en el salón de la parroquia del Señor de Jalpa. Un aroma a comida me sacó de mis pensamientos. Volteé y una aeromoza colocaba una charola con un sándwich, algo de tomar y unos cacahuates al señor que viajaba a mi lado. Recordé que no traía dinero. Ya había mentido lo suficiente en el aeropuerto, aunque lo hice guiada por la Voluntad Divina y no iba a hacer lo mismo en el avión. Tal vez no me dejarían salir si quedaba debiendo. Esa comida debía costar mucho, más que las dos órdenes de nachos que había robado en el aeropuerto. Esa acción empezaba a arañarme la conciencia. Nunca había tomado nada que no me perteneciera. El hambre me obligó a hacerlo. El aroma de la comida me torturaba. Empecé a distraerme con una canción. *No sé qué tiene tu boca, no sé qué tienen tus ojos, que dominan mis antojos y a mi sangre vuelven loca . . . De noche . . .*

El avión se estremeció de repente. Las aeromozas se apresuraron a recoger las charolas. Todas ocuparon los asientos de atrás. Las alas vibraban como si tuvieran transistores. La sonrisa del señor a mi lado se había convertido en una mueca de terror. El avión empezó a moverse de un lado a otro como si fuera una pelota en las palmas de dos gigantes. Una oración a San Judas Tadeo se requería urgente: *¡Oh gloriosísimo apóstol San Judas! Siervo fiel y amigo de Jesús, el nombre del traidor que entregó a vuestro querido Maestro en manos de sus enemigos ha sido la causa de que muchos os hayan olvidado, pero la iglesia os honra e invoca universalmente como patrón de los casos difíciles y desesperados. Rogad por mí que soy tan miserable; y haced uso, os ruego, de ese privilegio especial a vos concedido de socorrer visible y prontamente cuando casi se ha perdido toda esperanza. Venid en mi ayuda en esta gran necesidad, para que reciba los consuelos y socorro del cielo en todas mis necesidades, tribulaciones y sufrimientos, particularmente en este momento de peligro en que está a punto de caer este avión. Permíteme llegar con bien a Los Ángeles y no permitas que los sacrificios de mi mamá y mi tía y de mi abuelo hayan sido en vano . . . Prometo, glorioso San Judas, acordarme siempre de este gran favor y . . .*

—¿Es una tormenta? —Era mi compañero de asiento que preguntaba en voz alta.

Nadie le contestó. Yo seguía rezando ante la cercanía de la muerte. Cambié a San Judas por la Magnífica . . . *Glorifica mi alma el Señor y mi espíritu se llena de gozo al contemplar la bondad de mi Dios y salvador . . .* No pude seguir con la oración. Necesitaba ir al baño. Un extraño resplandor surgía de entre la oscuridad y abrazaba al avión.

—¡Regrese a su lugar! —El grito vino profundo, hosco, desde el fondo.

Seguí avanzando. Muchos tenían cubierta la cabeza con

la almohada, los gritos y llantos venían de todas direcciones. Me agarraba de los asientos para seguir avanzando. Empujé una puerta diminuta. Nunca había visto un retrete tan pequeño. Las luces se apagaron. Cuando desperté ocupaba dos asientos. Una azafata me ofrecía algo de tomar. Las manos me temblaban ligeramente. Olía a alcohol. Me había desmayado en el baño. El cielo se había despejado. Faltaba todavía una hora para aterrizar. Otra aeromoza se acercó con una frazada. Me quedé ahí, los ojos fijos en la cabina del piloto. ¿Lo imaginaría o lo estaba viendo? El mismo resplandor extraño que abrazó al avión, salía ahora de la cabina del piloto. Volví a invocar a la Magnífica: *Extendió el brazo de su poder, disipó el orgullo de los soberbios, desposeyó a los poderosos y elevó a los humildes.* La luz me cubrió la cara. Cerré los ojos. Una paz indescriptible me envolvió y no volví a sentir temor en el resto del viaje.

Un golpe seco en el pavimento y un leve chirriar de llantas indicaron que habíamos aterrizado. Algunos pasajeros aplaudieron. Bajé del avión, no sentía miedo. Los miedos se habían quedado en Jalpa. Nos acomodaron en dos filas para presentar documentos a los oficiales de inmigración. Busqué una puerta de salida. Ya lo había hecho una vez, podría volver a correr como lo hice en el aeropuerto en México. Una vez en la calle sería muy difícil que me alcanzaran.

Había agentes con perros en las puertas de salida. La vigilancia era cerrada. La fila avanzaba y las ideas no me venían fáciles para burlar la vigilancia. Había dos oficiales, una mujer morena y un señor como de 60 años. La mujer se demoraba interrogando a toda una familia. No había escapatoria. Tres personas más y seguía yo. La tensión me anudaba la espalda. Me tocó el hombre que, ya visto de cerca, parecía tener menos edad. Le extendí mi pasaporte. Una línea de disgusto se dibujó en sus labios delgados. Me miró y sus ojos eran dos brazas cubiertas por unas cejas negras espesas. Tenía la frente arrugada, el pelo abundante, casi blanco. Le extendí mi pasaporte y el pulso se me aceleró . . . *Ayúdame a pasar este trance. Núblale la vista para que no vea que está vencido . . . No dejes que me regresen . . . Toca su corazón de piedra . . .*

—¡Otra identificación! —Me estremeció con su grito.

Con el valor de saber que me acompañaba la Divina Providencia, le contesté con una sonrisa: —Es lo único que traigo.

—¿A qué vienes a Los Ángeles?

—De vacaciones por quince días —le contesté tranquila.

—¿Cuánto dinero traes?

. . . Cristo resucitado, ilumíname . . . Guíame espíritu . . . —Mil dólares —le respondí con firmeza.

—Enséñamelos —dijo flexionando los brazos.

. . . Señor, mi Dios, en ti confío . . . Comencé a temblar *. . . Condúceme como conduciste a Andrés y a su hermano Pedro . . .* —¿Desconfía de mí? —Las palabras salieron suaves—. Porque a mí me enseñaron que en público no hay que enseñar dinero, ¿qué tal si me roban y luego qué hago? —*Que tu poder me defienda . . .*

—Está bien —dijo con enfado. Escribió sobre un papel. "Tiene permiso para 15 días solamente". Me selló el pasaporte vencido . . . *¡Alabado sea el Señor!*

El camino para recoger mi equipaje me pareció muy largo. Fue como caminar por un túnel y salir a la luz. Era todavía 16 de septiembre. El desfile de Jalpa había quedado muy lejos. Empezaba a olvidarlo. Mi tía vino a mi encuentro. Le eché los brazos al cuello. Me apresuró a salir del aeropuerto: —Afuera ya no hay peligro.

Caminamos al estacionamiento. Sólo pensaba en la cena caliente que me esperaba.

Teresa,
Los Ángeles, California

Vi cómo la violaban

Me acababan de despedir y no lo podía creer. Diez años de trabajar en La Primorosa, una fábrica de textiles donde me dijeron. —Ya no te necesitamos.

Mi humanidad se veía reducida a un simple objeto que podía ser desechado sin mayores consideraciones por capricho de un supervisor. Vivía en Colombia, país de 36 millones de habitantes, nación de bastas riquezas naturales, pero acechado por la violencia y el narcotráfico.

Aunque tenía novia, el matrimonio podía esperar unos años más. Me aventuré a poner un negocio con el dinero que me dieron en la fábrica por el despido. Puse un taller de bicicletas al que los clientes empezaron a llegar. Mi negocio prosperó. Ser mi propio patrón me producía espasmos de alegría. Me despertaba muy temprano y cerraba el negocio muy tarde. Ese era el camino a la prosperidad. Los ingresos iban en aumento y empecé a ahorrar.

Me alegraban las noticias que llegaban a mi negocio. El gobierno propinaba descalabros a la mafia. Los carteles se desgajaban. La justicia empezaba a imperar. Todos anhelábamos la paz.

Eran las seis de la mañana cuando vi la carta que estaba junto a unas cajas de partes sin acomodar. No tenía remitente, ni sello de correo. Alguien tenía que haberla arrojado por una de las rendijas durante la noche. Me asomé a la banqueta, a esa hora de la mañana, la calle estaba casi desierta. Vacilé en abrirla. Se me desencadenó el miedo. No podía ser que yo recibiera una carta como ésa. Adivinaba su contenido. Algunos amigos ya la habían recibido. Pero por qué a mí. No era rico, sólo dueño de un taller de bicicletas. Rasgué el sobre.

Henry,

A partir del veinte del mes entrante, pasaremos a tu negocio para recoger una cuota mensual de 5 mil pesos. La cantidad debe estar completa. Es una cantidad pequeña si la comparas con lo que vale tu vida y la de tu familia. Sabemos quiénes son, dónde viven y los lugares que frecuentan. No se te ocurra dar aviso a la policía. Si lo haces, vete despidiendo de tu cochina vida. Somos expertos en hacer nudos de corbata y los mandamos envueltos para regalos.

Los nudos de corbata se habían hecho famosos en Colombia. A la persona que se negaba a pagar, la secuestraban, en el caso de los hombres, les cortaban el pene y se lo pegaban al cuello de la víctima. Era así como lo hallaban los familiares. Este tipo de extorsiones fue tan generalizado que se le conocía con el nombre de "vacuna". No podía creer que existían personas así. Pero sí existían. Los periódicos daban cuenta de los hechos. Se sabía que se trataba de una organización tipo pulpo. Sus tentáculos mortales ya habían visitado a muchas personas.

Me quité toda la ropa, me metí a la tina de baño. El vapor del agua había empañado los espejos. Estaba horrorizado con la idea de que alguien pudiera asesinarme. Me imaginé en los periódicos, desnudo, apuñalado por la espalda. Mi cuerpo ensangrentado envuelto en sábanas. Así habían matado a toda una familia. Los habían colocado en la tina del baño, uno arriba del otro, los papás, dos hermanos y un sobrino. En el suelo un círculo rojo de sangre.

FAMILIA ASESINADA POR RESISTIR LA "VACUNA"

Cinco miembros de una misma familia fueron encontrados sin vida en una área de Bogotá. La forma en que fueron apuñalados y las circunstancias que rodearon su muerte hace pensar que fueron las nuevas víctimas de un grupo de sicarios que se han dedicado a aterrorizar a todo Bogotá con las llamadas "vacunas".

"Ellos nos habían dicho la semana pasada que no iban a dar ni un cinco a los que pretendían extorsionarlos". Declaró a *El Tiempo* de Bogotá, Vincent Magnum, cuñado de una de las víctimas

Los periódicos también publicaban que las autoridades se declaraban impotentes ante esa banda. Esperé hasta después de la cena. Era evidente que algo me pasaba. No había podido pasar bocado. Me mordía el labio inferior. ¿Cómo darles la noticia? ¿Cómo decirles que me tengo que ir del país por trabajar honradamente? ¿Cómo explicarles que puedo morir apuñalado en treinta días? Necesito fuerzas para decírselos.

Se abrió la puerta. Mi padre recién llegaba de su trabajo.

—Me van a matar —dije sin mayores rodeos.

—¿Quién te quiere matar? —preguntó mi madre incrédula.

Les mostré la carta. Mi padre la leyó en voz alta. La cara de mi madre palideció. Me precipité a sostenerla de los brazos y ayudarla a que se sentara en una silla.

—¿Por qué a ti? —preguntó con voz temblorosa.

La besé en la frente. Al escuchar sus sollozos, no pude contener las lágrimas. Al final acordamos que lo mejor era abandonar el país.

Esa noche tuve un sueño extraño. Dos hombres entraban a mi cuarto, me envolvían desde el cuello hasta los pies. Quise despertar y no pude. El golpeteo del camino me mallugaba el cuerpo. Se detuvieron en un despeñadero. De la sábana salían gotas de sangre. Desperté cuando caía al abismo.

Al siguiente día me fui al trabajo como si nada estuviera pasando. Era importante no despertar sospechas. Lo más seguro es que me tuvieran vigilado. En el trayecto me detuvo un policía. Me acusaba de haberme pasado un alto. Tuve un ataque de risa. La ley vigilaba los altos, mientras que una banda de asesinos a sueldo aterrorizaba a los ciudadanos. Desconcertado, el policía se quitó la cachucha poblada de insignias. Tenía el pelo canoso. Mis carcajadas se mezclaban con un gemido salido de muy adentro. Me miró y yo no podía dejar de gemir y de reír al mismo tiempo. Cerró su libreta de infracciones. Me dejó ir.

El viernes de esa semana presenté mi caso en el Consulado de Estados Unidos. Mi vida estaba en peligro. No podrían negarme la visa. Irritado, el agente de inmigración me respondió.

—¿Cómo sabemos tú no escribir esa carta?

Una furia eléctrica me recorrió el cuerpo. Quise golpearlo. Los músculos de la nuca se me erizaron. Sobreponiéndome, protesté su decisión. Le pedí considerara mis circunstancias. Yo no buscaba irme. Estaba obligado a hacerlo.

—Esta carta tú inventarla. Además no existir en Estadous Unidous asilo político pora usteres.

Salí irritado. Faltaban veintiún días para que se venciera el plazo. Transcurrió una semana. Mis padres me tranquilizaban. De alguna forma tenía que huir. Llegué a considerar quedarme y enfrentar la muerte. Tal vez mi destino era terminar así. El anuncio estaba en recuadro grande. Ocupaba un cuarto de página. "Excursión a Centroamérica y Estados Unidos". Recorté el anuncio.

Esa tarde llegué a la casa más temprano que de costumbre. Abrí la puerta y ahí estaba mi novia. No la había visitado en dos semanas. Tenía los ojos hinchados. Mi madre se lo había dicho todo. Salimos a caminar. Las sienes me latían. ¿Cómo decirle que ya no sabía si algún día nos casaríamos? Que todos los planes que habíamos hecho, ya no existían. Era alta y hermosa. Nos detuvimos en una esquina. Nos ocultamos tras un árbol frondoso. La atraje hacia mí. Le acaricié la cara. Me rodeó el cuello con sus brazos. Le besé la frente, la nariz y los labios. Me llevó la mano a su corazón. Latía apresurado. Le prometí escribirle todos los días.

La salida fue un viernes a las 5 de la mañana. En voz baja me despedí de mis padres. Nadie debía sospechar mi partida. Al cerrar la puerta escuché los sollozos de mi madre. Me invadió la cólera al salir de mi casa. Caminé con los puños apretados. ¿Por qué tenía que dejar mi país en contra de mi voluntad? Quería ponerles la cabeza en una guillotina a los que me obligaban a hacerlo.

En la "excursión" íbamos 25 colombianos. El plan era llegar a Estados Unidos donde unos amigos pagarían por mi traslado. Me llamó la atención ver en el grupo a tres jovencitas. El plan consistía en hacernos pasar como turistas, visitaríamos diferentes ciudades y al llegar a México quedaríamos en manos de los coyotes.

—Qué mierda que son estos "coyotes" —dijo uno de los viajeros.

En San Andrés Islas el cielo era de un azul añil y en Tegucigalpa nos recibió un aguacero. Nos llevaron a un hotel modesto, pero muy limpio. Esa noche la pasé admirando las estrellas brillantes. Volamos a San Salvador y con muy poco descanso a Guatemala. Ahí estuve a punto de desmayarme. Los cuartos del hotel a donde nos llevaron, eran verdaderas pocilgas. Necesitaba el descanso, la presión de la sangre me brincaba en las sienes.

—¡Levántate cabrón y dame lo que traes!

¿Estaba soñando?

—¡Apúrate antes de que te patee el culo!

Dos hombres encapuchados, armados. Me exigían darles todas mis pertenencias. No hallaba reaccionar. Uno de ellos me jaló de la manga y me tiró al piso. La voz era de mando.

—¡Apúrate antes de que nos impacientemos!

Como una precaución había dividido mi dinero en diferentes lugares. La mayor parte la traía en una bolsa cocida a mi ropa interior. Saqué mi mochila de debajo de la cama. Me la arrebataron, hurgaron y encontraron el dinero en dos billetes de a diez. En total eran 20 dólares. Aventaron la mochila en la cama y salieron de prisa. Dejé que pasaran unos instantes, abrí la puerta y vi que en el pasillo las muchachas adolescentes se abrazaban asustadas. A ellas también las habían robado. Las invité a reclamarle al encargado del hotel, al llegar, los demás ya estaban denunciando el robo. A todos nos habían robado. El hombre alto, de perfil alargado, moreno, huesudo, con dientes grandes, y labios anchos muy marcados negó haber visto nada. El nombre del hotel era El virrey, salimos maldiciéndolo, llamándolo El mendigo.

Abordamos un bus que nos llevaba a otro "paseo". Racimos de hombres y mujeres se subían en cada parada: mujeres se subían con sus hijos amarrados en un rebozo, hombres de manos de uñas negras sujetando bultos de verduras. Un anciano bajito y emperifollado se subió con un gallo de plumas doradas. El bus iba hasta el tope. El sol como bálsamo entraba por las ventanas y nos cubría la cara. El recorrido duró diez horas. Guatemala no era tan pequeña como pensaba.

Un soldado hizo la señal de alto. El chofer frenó de repente. Se escuchó una voz de mando. —¡Todos los hombres abajo! —desconcertados obedecimos.

Un grupo de militares rodearon el autobús. Uno por uno fuimos bajando. Un soldado, moreno, de cara redonda, de brazos y piernas gruesas nos ordenó: —¡Pongan las manos en la cabeza!

Tardé en reaccionar. Una patada en los testículos me hizo gritar. Caí de rodillas. No fui al único que golpearon.

—¡Nadie baje las manos!

Nos revisaron el pecho, la cintura, apretaron nuestros genitales.

—¡No traen nada, ya les revisamos hasta el culo! —dijo el moreno que me había golpeado.

—¡Revisen los pasaportes! —volvió a decir la voz de mando.

El soldado que revisó mi pasaporte. Se me acercó al oído: —¿No traerás cocaína de Colombia, mojado?

Lo único que registré fue Colombia, cocaína. La palabra "mojado" era nueva para mí.

—¿Van para el norte, verdad?

—Sí, señor. —Le respondí desafiante. Esperaba un nuevo golpe. El soldado se alejó.

Nuestro "guía" turístico trataba de tranquilizarnos. Se dirigió al que daba las órdenes, un individuo de complexión regular que se mordía el puño. Se alejaron bastantes pasos. La reunión era privada. Después de casi veinte minutos y de intercambiar "saludos" los guías regresaron: —¡Todos al autobús! —nos ordenaron.

En el bus el silencio era absoluto. Uno de los acompañantes más jóvenes sangraba del labio inferior. Llegamos a la frontera con México. La hospitalidad de los mexicanos era famosa en Colombia.

—Pinches colombianos . . . hijos de su chingada madre, se me paran allá, que les vamos a revisar hasta el culo para ver si traen cocaína.

Era la primera vez que escuchaba las palabras: pinches y chingada. Uno por uno, incluyendo las mujeres y niños, fuimos llevados a un cuarto. El espacio era reducido, había una mesa en medio, un foco colgaba de la viga del techo y una silla. Me ordenaron que me quitara la ropa. La revisaron minuciosamente. Mi mochila se la llevaron a otra parte y al recibirla había perdido la mitad de su contenido. Otra conversación en privado con los "guías" y nos dejaron ir. A los "turistas" nos llevaron a otro bus que ya nos estaba esperando. Los militares seguían revisando a los demás pasajeros.

El chofer era muy joven, tendría unos diecinueve años. Sus ojos brillantes nos miraban de arriba abajo. Sus pómulos, salientes, la nariz chata. Lo saludé. No contestó. En el camino observé a los demás viajeros que venían con él. Nada más había que verlos para saber qué tan humildes eran, la mayoría venían descalzos, los pies planos, deshechos. Observé a una mujer de cabellos ensortijados que amamantaba a su hijo. Cuando se dio cuenta que la observaba, se subió el rebozo hasta el hombro.

El trayecto fue largo, extenuante. Hubo una sola parada para comer y en lugar de comer, la mayoría corrimos al baño. El susto nos había aflojado el estómago. Reanudamos el viaje y después de muchas horas se paró frente a un hotel muy bonito. El mejor de todo el viaje. Allí nos quedamos todo un día y una noche. Uno de los "guías" a quien algunos llamaban "coyote", nos dijo que dejáramos nuestras mochilas, que ellos nos las entregarían después en el aeropuerto. Uno de los centroamericanos que venían en el bus, nos dijo:
—Eso es una gran mentira, lo que quieren es robarles sus mejores pertenencias.

Saqué de la mochila mis camisas y pantalones. Me puse todo, uno debajo de lo otro. Sólo dejé la ropa sucia.

Muy temprano nos llevaron al aeropuerto. Por primera vez me percaté de lo ruidoso del bus. Parecía que se iba a desintegrar en el camino. Estuvimos a punto de perder el avión a Tijuana por la lentitud en el tráfico. La prisa con que llegamos nos ayudó a no responder preguntas. Como grupo turístico abordamos el avión a Tijuana y nos despedimos de nuestros guías.

La altura del avión me provocó zumbidos en las sienes. Me encontraba cansado y aturdido. Cerré los ojos. No había dormido bien en varios días. Era de noche cuando aterrizamos en Tijuana. Un frío que nos desgarraba la piel nos acompañó a la casa donde pasamos la noche.

En la casa había cinco personas esperando. No había suficientes camas, nos acomodamos en el piso. Las tres muchachas que venían en el viaje se veían exhaustas, oscuros círculos les rodeaban los ojos. Las tres se parecían mucho, debían ser hermanas, los ojos grandes y vivarachos, el pelo claro, la tez muy blanca. Una de ellas tenía la nariz llena de pecas y respingada. No las había escuchado quejarse en ninguna ocasión. Hablaban entre ellas. La única vez que las vi llorar fue cuando nos robaron en el hotel de Guatemala. La que parecía más joven tenía un lunar en el pómulo derecho. No se separaba de las demás. ¿A dónde iban esas muchachas colombianas? ¿Recibirían también la amenaza de una "vacuna" y huían como yo? Me las imaginé en un baile. Ruidosas, sonrientes, rechazando a quienes se acercan a bailar con ellas. Coquetas, luciendo vestidos frescos que dejaban ver sus brazos desnudos.

No hubo problemas en la pasada. Íbamos en una van, todos amontonados, unos arriba de otros. El recorrido fue tortuoso. No podía respirar. Las piernas empezaban a entumirse. La van se detuvo frente a una casa de dos pisos. Daba la impresión de estar abandonada.

—¡Ya cruzamos, bájense! —se adelantó el guía corpulento.

—Apúralos Güero . . .

—Mirá. ¿Ya estamos en Estados Unidos? —preguntó alguien.

—Sí —contestó de mala gana el Güero.

Me percaté por primera vez de lo blanco de su piel, el pelo castaño, los ojos pequeños, la expresión fría. No nos habíamos alejado mucho de la frontera. Se alcanzaba a divisar el cerco de vigilancia.

—¡Métanse rápido! ¿Qué esperan? —dijo el Güero.

Nos amontonamos frente a la puerta. El corpulento la había abierto de par en par. El olor que salía de esa casa se me metió por la nariz. Olía a excremento humano. Las muchachas se cubrían la nariz y la boca con el hueco de la mano. Una de ellas gritó al ver una rata que salía de un colchón tirado a la mitad del cuarto. Las ventanas tenían rejas y atrás había un patio enorme lleno de esqueletos de árboles. Unos columpios enmohecidos descansaban inmóviles sobre la hojarasca.

Los guías discutían entre sí: —¿Nos aventamos el jale cabrón? —El Güero miraba el piso, pensativo.

El otro insistía —Me urge una descarga.

El Güero contestó: —Ya vas. Nos la echamos.

El Corpulento dejó ver sus dientes grandes, amarillos. Se rascó la cabeza redonda, para después acariciarse la barba crecida de varios días. Nos urgió a sentarnos en el piso. A las colombianas les ordenó sentarse cerca de la puerta. Nadie protestó. Así estuvimos largo rato.

El sol estaba brillante, pero temblábamos de frío. El Corpulento apareció en el quicio de la puerta, no le quitaba la vista a la colombiana más joven. Ésta se abrazó a la que parecía ser la mayor.

—¡A estirar las piernas todos! ¡Caminen hasta el fondo del pasillo!

Caminamos con dificultad. El pasillo estaba oscuro. Apenas cabíamos. Avanzábamos despacio, tenteando la pared. Una puerta se abrió ante nosotros. La luz iluminó el pasillo. El patio de atrás estaba bardeado.

—Al que se asome por la barda se lo lleva la chingada —la advertencia vino del Corpulento.

Salimos apresurados. Nos aventuramos a caminar hasta

donde terminaba la propiedad. Era un área casi desierta, muy cerca de ahí se veían las montañas lisas, recién peinadas que nos separaban de México.

El aire fresco y el sol que nos bañaba la cara nos puso a todos de buen humor. Bromeamos, por un momento nos sentimos turistas. Regresé al cuarto porque necesitaba ir al baño. No vi por ningún lado a las muchachas. Me aventuré por el largo pasillo. Al final había unas escaleras angostas donde se escuchaban ruidos extraños. Me atreví a indagar. Una corriente helada me hizo estremecerme. Las rodillas me temblaron. Subí sin hacer ruido. Una sola luz salía por la rendija de la puerta del primer cuarto. Me acerqué. Empujé suavemente la puerta. Esto no podía estar sucediendo. ¿Cómo describir lo que estaba viendo?

—¡Puercos! ¡Asesinos! ¿Qué habían hecho?

Las tres hermanas, las tres amigas que no se habían separado durante el viaje. Las que se protegían unas a otras; las que reían en voz baja estaban siendo ultrajadas. La más grande, desnuda, de espaldas sobre la cama, con los ojos abiertos, gemía quedo. La sábana entre las piernas estaba llena de sangre. Sentía que las sienes me iban a explotar. Unos ojos me miraban suplicantes. Pedían auxilio. Era la más chica, la del círculo de luna oscura en el pómulo derecho. Estaba en el suelo como si estuviera gateando, con su ropa totalmente rasgada, estaba la niña de Colombia. Uno de los mexicanos la sujetaba por los cabellos con el pene adentro de su boca mientras que el otro la sujetaba por la cintura violándola por detrás. Al verme, se levantaron furiosos:

—¿Qué chingaos haces aquí? —con la bragueta abierta, sujetándose los pantalones que se le caían a las rodillas, el Corpulento sacó un revolver. El Güero, de un brinco, me sujetó. Sentí mil agujas clavarme las sienes. El golpe fue duro y preciso. La sangre me brotaba de la boca, de las mejillas. Miraba borroso, tambaleante quise retroceder.

Escupía sangre.

—Matemos a este hijo de la chingada.

—No . . . No. Aún nos deben mucha feria por él.

Otra vez la pistola, en medio de las cejas. El impacto del golpe me hizo tambalearme sobre las escaleras. Caí de espaldas, me hice ovillo hasta caer al piso.

—Mirá que está profundo este gran hoyo que te han hecho, —dijo el mismo hombre bajito de pómulos salientes que había preguntado si estábamos en Estados Unidos.

—Si estuviéramos en El Salvador, mal les iría a estos hijos de la gran puta. —Me contó como al caer había perdido el conocimiento—. Mirá que estás pesado. Te tuvimos que arrastrar. Nomás te va a quedar una gran cicatriz.

Todos me miraban horrorizados mientras esperábamos la llegada de los violadores. Mil agujas seguían clavadas en mis sienes. Maldije a todos los mexicanos. Pasaron varios minutos. Nadie se atrevió a asomarse cuando se escuchó el ruido de un carro que llegaba. Sin mirar a nadie, el Güero se apresuró a salir. Conversó en voz baja en la puerta. Se escuchó el chirrido de las llantas de un auto que se alejó a gran velocidad.

La puerta se abrió, era otro guía que nos ordenaba acomodarnos en una van más grande que la anterior. Sus ojos negros se clavaron en mí: —Tú te vas adelante conmigo.

Fue el recorrido más largo de todo el trayecto. Pensé que no llegaría vivo a Los Ángeles. Tenían que asegurarse que no los denunciaría. El coyote manejaba con precaución, lo vi con el rabillo del ojo. Me dio una cachucha y una camiseta limpia: —Ponte esto. —La camisa ensangrentada hecha un puño, la escondió en una bolsa de papel debajo del asiento. Era más viejo que los demás. La canas le cubrían las sienes. Habló despacio, como midiendo las palabras—, El Güero me dijo lo de las muchachas. Por eso no están aquí. Se las llevaron a otro lado, para cruzarlas aparte.

¡Puercos todos! Tal vez estaban muertas.

—No me crees, ¿verdad?

Guardé silencio. Recordé la mirada suplicante de aquella jovencita que estaba siendo ultrajada de la forma más brutal, más inhumana.

—¿Están muertas? —La pregunta lo sorprendió.

Me miró con rabia contenida, —¿Qué preguntas haces muchacho? ¿Cómo vas a creer que están muertas? Ya verás que te las vas a encontrar por acá cuando menos te lo esperes.

Sentí un profundo desprecio por aquel hombre que también era cómplice de aquellas ratas.

La van salió de la carretera. Entró por un camino de terracería lleno de espinas. Se detuvo frente a una casa oculta por una hilera de árboles.

—¡Todos abajo! —La orden era esperar a que se fuera la vigilancia de San Clemente. Avanzábamos haciendo a un lado los matorrales. Las espinas se nos clavaban en todo el cuerpo. La casa tenía las ventanas selladas por dentro. Cada habitación tenía una puerta con reja metálica, semejaban celdas con candados individuales. El miedo me paralizó. De uno de los cuartos salieron los dos hombres que me golpearon. El más alto se me acercó. —Si dices algo te lleva la chingada.

Tres días estuvimos en esa casa esperando a que se fuera la inmigración de San Clemente. Nos repartieron por grupos en las "celdas". Un pan dulce y una gaseosa fue nuestro alimento diario. Para ir al baño teníamos que pedir permiso y uno de ellos nos abría la reja que cubría la puerta. El baño estaba en un estado de putrefacción que usarlo provocaba vómito. Al atardecer del tercer día fuimos sacados de nuestras "celdas" y conducidos a una van que estaba más cerca a la puerta. Las ventanas estaban cubiertas con gruesas cortinas. Se nos advirtió que no nos asomáramos para nada. Íbamos unos arriba de otros. Este fue el recorrido final. Llegaban hasta nosotros las voces de los tres coyotes. Los buitres reían, y yo no dejaba de pensar en las tres hermanas, las tres amigas, en la mirada suplicante de la más chica, la del lunar oscuro en el pómulo derecho.

El aire no circulaba. Empezamos a toser. Pensé que nos íbamos a asfixiar cuando la van se detuvo frente a una casa de madera. Uno por uno fuimos bajando. Unos tosían, otros se tapaban la boca. A mí me dejaron al último. El Corpulento y el Güero no dejaban de mirarme. Pensé que me iban a desaparecer. Nadie me encontraría en esa casona casi abandonada.

—Nos deben mucha feria por él.

Me ordenaron llamar a mis amigos. Les cobraron más de lo convenido.

Henry,
Downey, California

Los asesinatos eran algo común

*E*l teléfono sonó en la madrugada. Lo descolgué con la certeza de que era una mala noticia. Las malas noticias llegan siempre en la madrugada. Me levanté a la cocina. No tardaría en amanecer. Estaba nublado y el viento estremecía la única ventana que daba al exterior. Traté de abrirla y gritar a la calle que a mi padre lo acababan de asesinar en El Salvador, pero estaba atorada. A mi padre lo mataron sin haber dado motivo. En El Salvador no se necesitaba motivo para matar a alguien. Cadáveres de hombres sin zapatos, de piel oscura, los labios hinchados, marcas de tortura en sus cuerpos aparecían por las mañanas en las aceras, en las colinas empinadas, entre la milpa.

Al igual que mi padre, yo crecí en El Salvador, tierra de volcanes, de cráteres abiertos, de cafetales que como lava se deslizan por las montañas. Y al igual que mi padre experimenté el éxtasis con los olores de los ayates, los aguacates, las bayas del saúco, las guayabas, las papayas y el maguey.

Vivir en El Salvador es tomar café instantáneo en la tierra que ocupa el tercer lugar en la producción mundial de café. Es vivir en una tierra de valles y llanuras donde a las muchas lluvias les siguen las muchas sequías.

Mi padre yacía muerto en El Salvador y yo estaba en Los Ángeles mirando a través de la ventana. Una pareja abrazada atravesaba la calle esquivando los carros. Mi padre me había dicho muchas veces que debía abandonar El Salvador. No lo quise hacer hasta que sucedió la matanza.

No había querido escuchar los detalles de su muerte. Entre lágrimas, mi madre me advertía no comunicarme con nadie: —Las cosas empeoran hijo. Que no se enteren que regresaste. —Le prometí salir de inmediato.

Abordé el avión llevando únicamente mi acta de nacimiento. Regresaba como parte de la historia. Una historia de éxodo, de miedo, de represión por no pertenecer a un grupo determinado. Una historia de desertores y protagonistas. El Salvador se acribillaba a sí mismo. La guerra, la mugre, el desamparo. Los cuerpos asesinados de los compañeros de universidad, la huida a Estados Unidos, todo despertaba en la memoria dormida. A mi novia hacía seis meses que no le escribía. ¿Me recordará todavía?

Una lluvia como granizo me acompañó hasta la casa de mis padres. Nunca hubiera emigrado a Estados Unidos de no haber sido por el incidente. Me faltaba poco para terminar mi carrera en la Universidad Nacional de El Salvador. Me sentía afortunado, tenía unos padres que me apoyaban, hermanos y una carrera universitaria.

El Salvador estrenaba nuevo presidente, Coronel Arturo Armando Molina. El gobierno señalaba a la Universidad Nacional de El Salvador como un lugar de refugio para los opositores del gobierno.

El 19 de julio de 1972, amaneció igual que el 18 de julio. Las montañas con sus faldas verdes salpicadas de racimos de café. Los vendedores de refrescos, naranjas y elotes muy cerca de la acera de la universidad. Los muchachos mirando desde las ventanas a las muchachas. Había sol en los recintos universitarios y las muchachas reían, algunas cuchicheaban en el patio. Otras caminaban de prisa a sus aulas. Todo empezó como un temblor, las ventanas, las puertas y las mismas paredes se cimbraron ante las máquinas gigantescas que se abrieron paso. Eran tanques que como dragones arrojaban fuego por alargados orificios. Nos tiramos al piso. Las muchachas que cuchicheaban en el patio habían desaparecido. Como si hubieran salido de las montañas verdes, aviones escupían balas que se detenían en los muros universitarios. Los maestros gritaban frenéticos que nos tiráramos al piso. Los soldados bajaban de los tanques y avanzaban por el pasillo. La arritmia me dificultaba la respiración. La puerta de la dirección cedió a los culatazos y fue arrestado el rector de la universidad junto con el director de la escuela de medicina. El zumbido de las balas había cesado y los estudiantes corríamos. A muchos los alcanzaron, fueron casi mil los arrestados. A partir de ese día mi vida ya no fue la misma. La esperanza de cambio en El Salvador había muerto. Mi padre me insistía, —Vete. La cosa va para peor. A los viejos no nos va a pasar nada. El peligro está con los cipotes y los jóvenes.

Lo obedecí. Me despedí de él arrancándole la promesa de que me seguirían. Aunque me dijo que sí, supe que no lo haría. El Salvador era su país, la milpa su felicidad, los volcanes su refugio. De camino a la embajada de Estados Unidos decidí que me iría a Miami. Ahí vivía mucha gente rica de El Salvador.

El Salvador es un país muy pequeño, pequeñito, muy pequeñito, pero con gigantescas diferencias de ingresos y estilos de vida. Las familias pudientes, las catorce que mencionó la revista *Time*, pero más bien no son catorce sino cientos, porque hay que contar a los sobrinos, a los hijos, a los nietos, a los yernos, a las nueras, esas familias conocidas por todos como las dueñas del país, tienen casa en la capital, otra más en Miami, y la casa de campo cerca de sus fincas. La miseria de los campesinos rodea sus casas, casi la tocan, pero no la tocan, los pobres, "la chusma" como ellos la llaman, son casi invisibles. Por las avenidas se desplazan en sus Mercedes, en sus Jaguares. Los ricos de El Salvador siempre tienen la vista atenta hacia arriba, disfrutan del paisaje de los volcanes. Los pobres ven hacia abajo, ven los cráteres de las montañas como heridas abiertas.

Sin ningún contratiempo conseguí la visa y el viaje a Miami fue placentero. Llegar a Miami fue como llegar a una ciudad de Latinoamérica. Se hablaba español en todos los sitios, las calles eran limpias y bien planificadas, en el centro de la ciudad no había muchachos con muñones disparejos pidiendo limosna, ni tampoco se apreciaban las mujeres hambrientas con sus cipotes en la espalda vendiendo fruta. Definitivamente Miami era la ciudad ideal para mí. Todo lo que necesitaba era trabajar, ir a la escuela y después trabajaría en uno de esos barcos, enormes, de lujo, que llevan piscina y gimnasio para sus ocupantes. Me imaginé que en unos años tendría suficiente dinero ahorrado para regresar a El Salvador y llevar a toda mi familia a desayunar al Sheraton de San Salvador. Ahí es donde van las familias de bien a jugar golf, a tomar un whiskey y a admirar los volcanes.

En Miami, no me dejaron entrar a la escuela porque sólo llevaba visa de turista y con el trabajo de lavaplatos que conseguí no iba a ganar lo suficiente para mis planes. Decidí viajar a Los Ángeles donde encontré a muchos salvadoreños. Habían hecho de una parte de la ciudad una pequeña Centroamérica. Me di gusto comiendo pupusas (tortillas de maíz rellena de frijoles).

El aeropuerto de El Salvador está ubicado en las afueras de la ciudad. Hay que recorrer un camino solitario para llegar a la ciudad. Habían transcurrido dos años desde que recorrí ese mismo camino para salir del país y ahora regresaba. Mi padre era, para el exterior, sólo una cifra, uno de los diez que asesinaban a diario en El Salvador. "Conflictos entre la derecha y la izquierda" reportaban los periódicos en Estados Unidos.

Lo sepultamos en un cementerio a corta distancia de la casa. No éramos los únicos, habían muchas fosas listas para recibir los féretros. Los lamentos, llantos y desmayos se apreciaban en todas las tumbas. Salimos del cementerio y más féretros, seguidos por los dolientes continuaban llegando. Los cementerios se habían convertido en los lugares más concurridos de la ciudad. Se hablaba de las calles de El Salvador convertidas en trampas letales. Se comentaban en voz baja los secuestros, asesinatos en masa y de sangre lavada que corría por las aceras. Mi madre y mis hermanos con estoica resignación lloraron en silencio y acordaron no averiguar nada.

La segunda despedida siempre es más dolorosa que la primera, porque uno no quiere irse. Los olores lo jalan a uno hacia la raíz. Hacia el campo y las ciudades. Al fin me convencí que era lo mejor. El viento olía a pólvora y se anunciaba una guerra a gran escala. Esta vez no regresaba sólo, mi madre me pedía llevarme a mi hermana. Acepté sin medir los riesgos.

A mi novia le prometí regresar pronto para casarme con ella. Me recibió como si no hubiera transcurrido el tiempo entre nosotros. Estaba segura que regresaría. La abracé con fuerza y la besé en la boca.

En El Salvador hay una parte donde viven los gringos. Se les ve por el mercado con chanclas y camiseta los domingos, pero durante la semana andan muy bien vestidos. Muchos son socios de *Las Familias,* otros son parientes políticos. Hay también los que se dedican a pasar gente a Estados Unidos. Encontramos a un méxicoamericano próspero que se dedicaba a ese negocio. Nos pusimos de acuerdo para la salida. La embajada de México nos dio visas de turistas y salimos rumbo a México con el plan de cruzar a Estados Unidos.

Salimos de El Salvador recordando a los muertos, cada

día eran más. Amanecían con la boca quemada, las manos amputadas.

Un sol color naranja, apenas asomándose sobre los volcanes nos acompañó largo trecho. El méxicoamericano hablaba poco, su voz seca, áspera nos daba información sobre las ciudades que conoceríamos en México. Gran parte del viaje sería por carretera. No se inmutaba cuando se le emparejaba algún camión de seguridad. Su estatus de extranjero le daba confianza. Él no temía que alguien tocara su puerta durante la noche. Era un hombre de negocios protegido por la ley.

En la primera parada a echar gasolina, aproveché un descuido para tomar las placas del carro, con destreza abrí la guantera y revisé sus documentos. Copié su número de licencia y dirección en Los Ángeles.

Fueron muchas horas de viaje. Descansamos en dos hoteles antes de llegar a la ciudad que más me deslumbró en México: Puerto Vallarta. La exhuberancia del paisaje me hizo olvidar momentáneamente a los muertos. Me quitó el temor que sentí durante el camino. No daba crédito a tanta belleza colonial. Era un paraíso donde no existía la guerra, ni el hambre, aunque después me di cuenta que sí había miseria. Nos quedamos ahí varios días. Me gustaba el ruido que salía de las piedras cuando las pisaba. Mi hermana se reía de mi admiración.

—Vos sos un niño.

—¡Mirá! Que cosa más bella de restorán.

—Vení. Entremos pues a ese restorán. Yo no sé vos, pero yo tengo hambre.

Recorrimos restaurantes y admiramos las casas de los artistas.

—Vos te vas a la casa de Elizabeth Taylor y yo me voy a la de Richard Burton, ¿querés?

—Seguís de loco. Vaya pues. Tú entra primero y yo te sigo.

Como si fuéramos niños, corrimos por la calle empedrada hasta quedar frente al portón que daba a la famosa residencia de los Burton. Una recamarera nos había preguntado si ya la habíamos visto. El pensar que existían ahí dos casas unidas por un puente que fueron habitadas por Elizabeth Taylor y Richard Burton nos había llenado de emoción.

—Vení. Vamos a conocerlas. —Le dije a mi hermana que me acompañaba a todas partes. *Yo no la dejaría ni un solo momento sola con el méxicoamericano,* pensé.

—No —me dijo—. Vos pensás que estamos de vacaciones. ¿Qué tal si el hombre nos busca?

—Tenés razón. Vámonos pues.

—No. Vení. Sentémonos aquí un ratito.

Nos sentamos en una esquina de la acera. Su cara redonda, sus ojos grandes como dos almendras se humedecieron. Pensaba en los peligros que acechaban a nuestros hermanos en El Salvador.

Por la tarde, el méxicoamericano llegó con instrucciones de partir esa misma noche a Guadalajara. De ahí saldríamos a Tijuana. No se parecía a Puerto Vallarta, nuestro guía nos llevó a la casa de un "coyote", en el trayecto entendí que así le decían a los que pasaban a indocumentados.

—Uy señor. Hace mucho que está preso. —Le dijo una señora de brazos gordos al guía.

El guía sin desanimarse nos aseguró que estaba bien conectado con otros coyotes. Nos llevó a un hotel más o menos limpio. Nos dijo que ahí estaríamos seguros, que en unas horas se nos uniría su "conocido". Era ya muy noche. El "conocido" nunca se apareció. Ni el méxicoamericano tampoco.

—Mirá vos y, ¿si buscamos un coyote por nuestra cuenta?

—¿Vos pensás que ya nos dejó aquí tirados?

—Sí. —*Hijo de la gran puta.* Pensé pero no lo dije—, Vení. —La tomé de la mano—. Vos sos como mi madre.

Una mujer valiente. Y ya estamos muy cerca de Estados Unidos. Si ese baboso nos dejó pues hay que buscar quién nos cruce. ¿Qué decís vos?

—Lo que vos decidás está bien.

La estreché contra mi pecho. En ese momento se abrió la puerta con violencia. Por un momento pensé que me encontraba en El Salvador, que lo de Puerto Vallarta lo había soñado y que enfrente tenía a los guardias que llegaban para desaparecerme. El susto fue mayúsculo. Los policías nos daban órdenes que no entendíamos. Frustrados volvieron a revisar la dirección. Se habían equivocado de lugar.

—Bueno no importa. Nos llevamos a estos pollos a ver qué les sacamos.

Nos llevaron a una oficina donde nos enteramos que nos habían confundido con traficantes de billetes falsos. Nos querían poner a la par en celdas separadas. Yo les pedí que a mi hermana la dejaran en la oficina. Me ignoraron. Grande fue nuestra sorpresa cuando vimos ahí al méxicoamericano que nos había traído de El Salvador. Se veía muy golpeado. Uno que parecía el jefe lo sacó y lo dejó en la oficina. Tenía sangre en las cejas, en los labios y en la camisa. La primera noche escuchamos cómo lo volvían a golpear. Volví a recordar a los muertos de El Salvador. El dolor de enterrar a mi padre sin preguntar por los asesinos. Las torturas en las cárceles no se cometían nada más en las bartolinas de El Salvador, sino que también en las cárceles mexicanas. Transcurrieron cuatro días de terror, de gritos, de gemidos y de golpes ásperos, secos, cortantes. En una celda estábamos con otros veintidós reos. Algunos acusados de crímenes, otros de violaciones y la mayoría de robo.

Al tercer día, el méxicoamericano logró salir. Nos prometió conseguir más dinero para sacarnos, pero no lo volvimos a ver. Al quinto día salimos de esa pesadilla. Salí de ese lugar con la certeza de que las cárceles eran todas iguales: Sitios de tortura con letreros alusivos al honor y a la patria. Sobre el escritorio donde se sentaba el que parecía capitán estaba una bandera mexicana. Arriba en la pared una placa decía: "Dirección de Policía y Tránsito sirviendo con honradez y eficacia al pueblo Bajacaliforniano".

Llegamos al centro de Tijuana en taxi. Caminamos en busca de un coyote. Varios se nos acercaron. Escogimos a uno que resultó ser buena gente. Nos llevó a su casa. El dinero que nos quedaba nos lo habían quitado las autoridades y el méxicoamericano se nos había desaparecido habiéndole pagado por anticipado el viaje.

—¿Quieren comer? —nos preguntó el coyote.

—¿Querés comer? —le pregunté a mi hermana.

—Sí, tengo hambre.

El hombre paró un taxi. —Súbanse —nos dijo.

—Subite —le dije a mi hermana.

Llegamos a una casa muy cerca de ahí. Teníamos tanta hambre que nos hubiéramos comido una vaca entera. El coyote nos explicó que nada más tenía huevos para freír y que si queríamos nopales, los podía cortar.

—¿Mirá que eso se comen los mexicanos? —observó mi hermana.

El hambre era más fuerte que el dolor que me producían las espinas de los nopales. Corté varios y les quité las espinas con una navaja. Sin cocerlos los revolví con el huevo. Nos pareció un platillo suculento.

Salimos en la madrugada del día siguiente hacia la línea que divide México de Estados Unidos. Se juntó con nosotros otro grupo que también iba a pasar. El coyote nos dio instrucciones: —Se cambian los nombres y por nada en el mundo digan que son de El Salvador.

Nos inventamos diferentes nombres, yo iba a decir que éramos michoacanos y que veníamos de Puerto Vallarta.

Empezamos a caminar por una ruta larga, los riscos

agrestes la hacían accidentada. El coyote siempre iba adelante para avisarnos de cualquier peligro. Después de varias horas, un aleteo como de un pájaro gigantesco iluminó nuestras cabezas. Corrimos en todas direcciones. Otra vez nos brincó el corazón en el pecho. Otra vez el 26 de junio, un día después de una huelga general. Los tanques y los soldados armados, los guardias de inmigración buscándonos. Cientos de soldados armados disparando contra los edificios. Los estudiantes acostados sobre el suelo. El coyote y los demás acostados sobre el suelo.

Un soldado gritaba: —¡Deténganse!

Un guardia le gritaba a mi novia: —¡Deténgase!

Dieciséis estudiantes muertos en El Salvador.

—¡Salgan todos! —dijo la misma voz de mando.

Todos salimos con las manos en alto. No hubo disparos. Nadie había muerto. Dimos información falsa y nos deportaron a Tijuana.

Mi hermana y yo buscamos al méxicoamericano con el que iniciamos el viaje desde El Salvador. Teníamos la esperanza de encontrarlo para que nos diera algo del dinero que le habíamos entregado.

—El méxicoamericano se fue vos.

—¿Para no pagar el coyote?

—Sí pues. Para no pagar el coyote.

—Ustedes ya sufrieron mucho. Yo los voy a pasar. —Nos dijo el coyote que recién había intentado pasarnos.

Le pedimos que nos permitiera descansar un día y así fue.

—Ya todo está arreglado. Van a pasar caminando junto con este muchacho —nos dijo.

Me temblaban las piernas, pero pasé, mi hermana se armó de valor y pasó también. El muchacho se resistía. Se adelantaba y se regresaba otra vez. Mi hermana y yo le hacíamos señas para que pasara. Finalmente se atrevió. Guiados por el asistente del coyote, nos fuimos directamente al aeropuerto. Yo me atreví a comprar los boletos. Nos sentamos tranquilos a esperar el avión, el muchacho se levantó para ir al baño. A los pocos minutos se acercaron unos guardias trajeados y nos pidieron los papeles. —¡Ay no, otra vez!

Nos agarraron del brazo y a la oficina, a las huellas, a las preguntas y a la deportación. Con la experiencia de la primera vez, nos fue más fácil hacernos pasar por mexicanos. Nos deportaron por otra parte en Tijuana. Tomamos un taxi y llegamos a la casa del coyote. Nos recibió muy contento: —Ya los extrañaba. Sobre todo el arroz salvadoreño que hace tu hermana.

—¿Fue el arroz o a mi hermana lo que extrañó? —le pregunté riendo.

Al día siguiente muy temprano, el coyote nos dijo que como a las siete los agentes de la Migra cambiaban de turno y que ni cuenta se daban quién pasaba. Tenía razón. Pasamos sin ningún problema. En un taller de carros chatarra nos estaban esperando. Me acomodaron abajo del asiento y mi hermana pasó como pasajera en el asiento de enfrente.

Así llegamos hasta una casa en San Diego. Un gringo que descendió de un auto negro hablando muy buen español preguntó: —¿Cuántos pollos traes?

—Nomás son estos dos. —Le entregó un dinero y nos ordenaron subir a la cajuela del carro negro.

El gringo nos llevó a otra casa en Santa Ana. Otro coyote se encargaría de llevarnos a buscar al méxicoamericano que nos había abandonado a nuestra suerte en Tijuana.

—Vamos a dormir en un motel y mañana temprano vamos a buscar al viejo que les debe el dinero —nos dijo.

Llegamos al motel y nos dieron una habitación con sala y una recámara.

—Tú duermes aquí y tu hermana y yo dormiremos en el cuarto —me dijo.

Había empezado a caminar cuando lo jalé del brazo.
—¿Tú crees que yo me chupo el dedo? ¿O crees que voy a dejar que abuses de ella?

—¡No te pongas tus moños! —dijo en tono de advertencia—. Si no encontramos al viejo, los voy a mandar de regreso a tu maldita tierra.

—¡Claro! —le contesté—. Tú y tu bola de coyotes nos van a pagar el pasaje de regreso —lo amenacé—. No me importa que nos manden de regreso, pero voy a llamar a la policía y tú y toda tu banda se van al bote.

Estábamos a punto de agarrarnos a golpes cuando mi hermana intervino. Me senté en la cama. El coyote se calmó también. Le sugerí buscar en ese momento al méxicoamericano.

—Aquí tengo su dirección y número de licencia.

—¡Vaya! —dijo el coyote—. Ya sabía que no eras tan menso.

Era ya muy noche cuando llegamos al domicilio. Nos recibió una mujer bajita, redonda. Era la *manager* del edificio. Nos informó que el hombre que buscábamos se había mudado y que desconocía la nueva dirección. Tuve la corazonada de que sí la sabía. Me aparté del coyote y le dije en privado. —¿Sabe una cosa señora? La historia es muy larga para contársela, pero nuestras vidas están en peligro. No tenemos tiempo que perder. Este señor es un coyote. Se quiere aprovechar de mi hermana y nos ha amenazado con mandarnos de regreso si no encontramos al señor que nos dejó abandonados en Tijuana. Le tiene que dar dinero a este coyote.

Escribió la dirección en un papel —Suerte —me dijo cuando me lo dio.

Decidimos buscar al méxicoamericano al día siguiente. Era demasiado el cansancio y no habíamos comido nada en todo el día.

Al día siguiente lo esperamos hasta que salió de su departamento. Lo detuvimos antes de subirse a su carro. Al vernos, se asustó. Sin darle tiempo a reaccionar, me le tiré encima. —¡Ladrón, hijo de la gran puta! ¡Danos el dinero!

El coyote también intervino, —¡Ándale, hijo de la chingada, entrégale el dinero!

Los dos lo golpeamos. El méxicoamericano se apresuró a sacar el dinero. El coyote se lo arrebató y yo seguí golpeándolo. El coyote me sujetó para que lo dejara ir. Yo lo seguí insultando. Recogimos a mi hermana y el coyote nos dejó en una calle del centro de Los Ángeles donde tomamos un bus para Hollywood.

Al siguiente día yo me encontraba trabajando en mi antiguo trabajo. A los pocos días, mi hermana estaba trabajando en una casa en la que se quedaba a dormir. Nos tomó un año pagar la deuda que contrajimos para venirnos.

Pasaron los meses, y yo empecé a escribirle con regularidad a mi novia. Una mañana decidí que debía regresar por mi novia. Las noticias de la guerra llegaban escasas. Cuando moría algún extranjero, la noticia se daba con detalles en la primera plana de los periódicos. El Salvador empezó a ser noticia también en la televisión. El mundo tenía su vista fija en mi país, pequeñito, muy pequeñito. La matanza de civiles aumentaba. Ronald Reagan anunciaba más ayuda militar a El Salvador.

Me casé en medio de ruidos de bombardeos. No hubo música, sólo buenos deseos. Las calles estaban destruidas. Las familias dispersas. Muchos de los amigos muertos. A mi hermana la habían internado en Los Ángeles en un hospital, tantas emociones juntas habían lastimado su corazón. Una operación era urgente. Me sentí culpable por haberla dejado, pero la vida de mi novia estaba de por medio.

Nos casamos un nueve de noviembre de 1985. Fuimos a la embajada a tratar de conseguir una visa. Nos la negaron.

Le dije al oficial: —*You know what? We're gonna go there anyway. So, see-ya!*

Conseguimos una agencia que nos garantizaba viajes a los Estados Unidos las 24 horas. Nos dieron fecha de salida y nos sacaron pasaporte con visa a México. El día de la fiesta de El Salvador se aproximaba, a pesar del peligro, el pueblo se preparaba para honrarlo con una gran manifestación. Ese día los bombardeos se intensificaron. El gobierno contaba con el apoyo de Estados Unidos, los ataques eran aéreos con sofisticados aviones que difícilmente se distinguían. El ruido era ensordecedor. El miedo a morir. Todos acostados sobre el suelo. Las bombas cayendo cada vez más cerca, bum, bum, bum. Tres, cuatro, cinco, contamos hasta quince. Así nos quedamos toda la noche. Vestidos, acostados sobre el piso. Al amanecer, todos salimos a la calle. Quedaban pocos vecinos. Nos vimos asustados. No podíamos creer tanta destrucción. El lugar donde un día antes había habido casas, escuela, tiendas, un banco. Todo había desaparecido. Lo que estaba frente a nosotros eran sólo ruinas. Eran muchos los muertos y más los heridos. Muerte y caos se habían apoderado de todos los pueblos, de todas las ciudades. Partimos ese mismo día. Mi suegro nos animó: —Vos sos joven, igual que mi hija. Corren peligro. Váyanse pronto.

Salimos a México en avión y tomamos otro a Tijuana. Esa misma noche nos recogieron en una van. Nos tiraron prácticamente en un terreno baldío. Sin pensarlo cruzamos el cerco levantando la malla metálica de la línea divisoria. Corrimos, al frente iba el coyote. Mi esposa no veía el peligro, por el contrario, la vi correr emocionada. Para ella era una fuga a la tensión y al peligro de morir cada día. Seguimos corriendo hasta que el coyote gritó, —¡Agáchense! —Obedecimos.

No se escuchaba ni un ruido. De pronto un grito nos sobresaltó: —¡Ya los vi. Voy a llamar a la Migra, mojados!

—una gringa gritaba histérica.

Nadie se movió. Pasó un rato. Seguíamos sin movernos. En absoluto silencio, esperábamos una señal del coyote. Dos agentes se acercaron. El galope de los caballos se escuchó cerca. —Nadie se mueva. Ni hablen —nos advirtió el coyote.

Los agentes pasaron de largo. Una segunda carrera. Unos cholos nos esperaban al bajar la loma. Nos subieron a su carro. Nos llevaron escondidos hasta la casa de un americano. Ahí nos juntaron con otros indocumentados. Conté más de cincuenta. Ellos tenían más de dos días en esa casa, esperaban la llegada de un trailer.

Tres muchachas nos contaron cómo las habían violado los coyotes. Nos confesaron que después, voluntariamente, habían tenido que entregarse a ellos porque necesitaban dinero. Al día siguiente llegó un trailer enorme lleno de cajas de tomate. Uno de los coyotes hizo a un lado las cajas y nos señaló el agujero. Éramos como ochenta. Todos cupimos. Una señora llevaba puestos como diez vestidos que fue quitándose uno a uno durante el camino. El calor era asfixiante. En la revisión se paró el chofer. Escuchamos ruidos. Abrieron la puerta de atrás. Dejamos de respirar en ese momento. Escuchamos risas y mucha plática. Me dio la impresión de que todos estaban de acuerdo. El chofer continuó hasta Los Ángeles. Allí se estacionó en una casa y nos ordenó que nos bajáramos y entráramos a la casa. Mi mujer se llevó las manos a la cabeza. —¡Ay, me duele, me duele!

—¿Que tienes vos? —le pregunté

—¡Un doctor, un doctor! —gritaba ella.

—¡Un doctor! —empecé a gritar yo.

—¿Qué le pasa? —preguntó asustado el coyote.

—Me dan ataques.

—¿Ataques?

—Sí, —dijo ella enterrando la cabeza en sus brazos.

—¡Hay que llevarla al hospital! —insistí yo.

—No —respondió el coyote—. Llévense a estos primero. No quiero problemas.

Fuimos los primeros en salir. Los mismos cholos que nos recogieron al final de la loma nos llevaron a la casa de mi hermana. En el camino me di cuenta que el ataque que le dio a mi esposa fue fingido.

—Mirá ¿se te quitó el dolor?

—Sí, —me contestó.

La abracé con fuerza, una nueva vida nos esperaba en los Estados Unidos.

Manuel,
Santa Fe Springs

Sólo pensaba en Disneylandia

It's a small world after all
It's a small world after all
It's a small world after all
It's a smaaall wooooorld!

Lo sacaron de su casa arrastrando, el muchacho chillaba. Sus pies descalzos hacían eses en el piso. La madre daba gritos de auxilio y nadie acudía a su ayuda. —¡Ay! ¡Ay! ¡Se llevan a mi hijo. Me lo van a matar. Por lo que más quieran ¡suéltenlo!

Sin dejar de arrastrar al jovencito, uno de los dos oficiales le contestó con indiferencia: —Es la ley. Debe prestar servicio militar.

—¡Tiene doce años señor! ¡Todavía es un niño!

—Pronto se hará hombre señora —contestó uno de los oficiales. Se detuvieron frente a un camión blindado, uno de ellos abrió la puerta de atrás y como si fuera un costal de papas, aventaron al adolescente.

—¡Asesinos! ¡Cerdos! ¡Llevan a la muerte a mi hijo! —como un ánima, Doña Regina, la vecina de al lado, fue tras el camión que doblaba la esquina.

Ese fue el día en que mi madre tomó la decisión de salir de El Salvador junto con mi hermano de diecisiete años. Habían transcurrido doce meses desde entonces, la situación empeoraba. Los encuentros entre el ejército y la guerrilla eran más frecuentes.

Me faltaba un año para terminar el bachillerato. Un día era una estudiante y al siguiente, con la ausencia de mi madre, a los dieciocho años, me había convertido en la responsable de una casa. Había que cocinar, lavar, planchar y atender a mi papá y a mi hermanita de cinco años.

❦ ❦ ❦

Cuando mi padre le dio la noticia a mi hermanita, ésta abrió mucho los ojos. Las mejillas se le tiñeron de rojo y empezó a dar brincos de gusto. Su sueño se convertía en realidad. —Vas a ir con tu hermana a Disneylandia. —Los ojos de mi padre brillaban, y sonreía como convencido de que íbamos al encuentro de Pluto y el Ratón Miguelito.

Mi hermanita no dejaba de reír. La imaginé en Disneylandia, paseando sus ojos por las figuras de Blanca Nieves y los Siete Enanos. Temblando de emoción ante el encuentro con "Mimi" y "Pocahontas". La televisión se había encargado de convencernos que Disneylandia era el paraíso encantado.

Mi padre me trataba de convencer que debía salir de El Salvador: —Mirá —me dijo— acordáte de cómo se llevaron al hijo de Doña Regina. Vos pensá que también vinieron por tu hermano. Vete vos y llevate a la niña. Aquí corren mucho peligro —dijo con voz precisa.

Esa noche no pude dormir. Con sólo el camisón puesto salí al patio de la casa. La luna iluminaba el corredor y los helechos colgados de las paredes. Aspiré el aroma de los geranios, las rosas y los nardos. Al final del patio, dos izotes, sus flores blancas revueltas con huevo nos alimentaban en agosto. El platillo favorito de mi mamá. ¿Habrá izotes en Estados Unidos?

Me faltaba un año para terminar el bachillerato y entrar a la universidad. La violencia no podía durar para siempre en El Salvador. Su fin debía estar cerca. País bombardeado, resquebrajado, dividido, pisoteado, poblado por personas que trataban de ser felices en medio de tanto sufrimiento. ¿Quién iba a cuidar de los geranios?

Mi padre era comerciante y durante la semana viajaba a pueblos vecinos a comprar juguetes y ropa. En uno de esos viajes desapareció por varios días. Al regreso ya no era el mismo. En la noche lo atacaban pesadillas. Llegó sin camisa y descalzo. Traía coágulos de sangre secos pegados en la sienes, en una semana había perdido muchos de sus dientes. Las piernas y los brazos los tenía morados como si alguien lo hubiera golpeado sin descanso. El cuerpo lo tenía lleno de moretones y en sus muñecas parecían haber sido marcadas dos pulseras con hierro caliente. Duró días silencioso, pero durante las noches, trozos de lo sucedido salían de su garganta desgarrada.

—Contesta, ¡hijo de la gran puta! ¿Cuándo llegaste de Cuba?

Le ponía compresas de agua fría durante los delirios. Imaginaba al siniestro torturador que lo interrogaba. —¿Cuántos son y danos su dirección? —Pensaba en la brutal paliza. Su cuerpo colgado del techo, las muñecas aprisionadas con las esposas—. Habla hijo de puta o aquí te mueres. ¿Dónde guardan las armas? —Mi padre estuvo a punto de ser uno de los miles de desaparecidos. Una sola vez dijo cómo se salvó.

—Me tiraron pensando que estaba muerto. Toda la mercancía me la robaron. —Por eso había decidido enviarnos a Estados Unidos.

—¡Vamos a ir a Disneylandia! ¡Yuuupiiii! —el recuerdo del grito de felicidad de mi hermanita me sacó de mis pensamientos.

Despedirse de un país no es fácil y dejar a un padre que en una semana había envejecido diez años, menos. Me animó con la promesa que pronto se reuniría con nosotros. La despedida fue breve, mi hermanita con el entusiasmo de Disneylandia se despidió de prisa. Mi padre nos llevó a la casa del hombre con quien viajaríamos. Era un hombre de baja estatura, delgado, moreno, el pelo cortado casi a rape. Había ahí muchas más personas. Nos dio instrucciones de lo que debíamos decir en caso de que nos detuvieran en el camino, —Decí que venís por tu cuenta. Y cuando bajen del avión no hablen con nadie. ¿Está claro vos? —se dirigía a mí.

—Sí, señor —le contesté.

El aeropuerto de Tijuana me pareció muy pequeño. Para ser una ciudad tan famosa, todo me pareció amontonado. El hombre bajito y moreno nos llevó a todos a un cuarto en un hotel cercano. Ahí sufrimos la primera estafa. El hombre abrió la puerta y un olor a caca y orines me hizo casi devolver el estómago. El colmo fue que nos cobró dinero extra por lo bueno del cuarto. Ahí nos dejó a todos. Encerrados, amontonados. Casi pegados unos con los otros. Yo le sonreía a mi hermanita que me miraba con sus ojos grandes muy asustada: —De aquí nos van a recoger para llevarnos a Disneylandia.

Pasaron las horas, largas horas de angustia y de zozobra. Me asomé por la ventana. Divisé el letrero del hotel: Hotel Catalina. Empezaba a oscurecer cuando llegó otro hombre, más joven, pero con entradas en las sienes y el pelo casi hasta el hombro. Su mirada me dejó petrificada. Tenía la mirada de un animal lujurioso. Nos llevó a una casa. Olía igual o, tal vez, peor que el cuarto del hotel. Una casa fea, abandonada, muy cerca del cerco que divide México de Estados Unidos. Ahí estuvimos el resto de la noche. El hombre de pelo entrecano salió y regresó con unas tortas que tenían más chile que otra cosa. Mi hermanita se la comió sin protestar. Todo lo que tenía en el estómago eran las nueces y dulces que nos habían dado en el avión.

Los ruidos de la calle entraban por las rendijas de esa casa tan fea. Aullidos de perros y el chillido de las sirenas de la policía se escuchaban muy cerca. La sangre empezó a correrme por las venas. Me recargué en la pared y acomodé a mi hermanita en mi regazo. Dormité toda la noche. Me vi entre los geranios y los nardos de mi casa en El Salvador. El cerco de helechos cubriéndome los hombros. Mi padre golpeado, curándose las heridas, iluminado por una luna redonda, lechosa. No había salido de El Salvador. Estaba en mi cama, me preparaba para entrar a la universidad. Aquello no estaba sucediendo.

Abrí los ojos. Mi hermanita dormía. Las piernas las tenía entumidas. La observé. Los rizos le caían sobre la frente. El listón rojo que esa mañana le sujetaba el pelo, se le había caído a los hombros. Un grito la sobresaltó. Dos figuras en la puerta. Una de ellas se dirigió a nosotros: —Ya bola de huevones, despierten —lo decía indiferente. No había emoción en su voz. Lo pude ver mejor. Donde no tenía canas, el pelo era castaño oscuro, los ojos muy negros de pestañas muy largas. Los labios delgados, no dejaba de observarme.

El hombre que nos acompañó desde El Salvador también se me quedó mirando. Mientras despertaba a mi hermanita, él se me acercó. Se sentó en un banco imaginario con los codos sobre las rodillas: —Vos no te me despegués —lo dijo en un tono suave, paternal.

Empezaba a atardecer cuando dejamos la casa. ¡Ay que feo! Nos llevaron a un lugar apartado, era como un campo, pero sin árboles, nos hicieron caminar rumbo al cerro. Jamás había caminado tanto en mi vida. Procuraba mantenerme cerca del hombre que nos había hablado con tono paternal. Habíamos pasado muchas horas caminando. La hinchazón en mis pies demostraba que debían ser muchas.

De entre las sombras, salió un grupo de motociclistas que nos rodeó, el círculo era amplio, las luces de sus motocicletas nos cegaban momentáneamente, zzzuuuummmm, zzzzuuuuummmm, el círculo se fue haciendo más pequeño, parecían perros con rabia rodeando a sus presas. Manejaban con destreza sus motos, esquivaban con precisión los matorrales. Mi hermanita se abrazaba a mis piernas. ¿Quiénes eran aquellos hombres con mirada de odio? Su vestimenta era igual como en las películas. Las chumpas negras, los guantes negros dejaban ver los dedos desnudos. Miré alrededor. Era como si hubiéramos subido a la cima de un cerro, la tensión iba en aumento. El de la moto de enfrente le dijo algo a los guías. Sin perder tiempo, el más joven le extendió una bolsa de papel. Sin apagar la moto, dio una señal y regresaron a las sombras de donde habían surgido. Todo sucedió tan rápido que me quedó la duda si todo aquello no había sido un sueño.

Atravesábamos una barranca cuando sentí la mano del hombre del pelo entrecano sobre el hombro de mi hermanita. Lo vi con sorpresa. Se disculpó diciendo que quería ayudarme con la niña. Titubeé antes de soltarla. Era el primer gesto amable conmigo. Abrazó a mi hermanita. Yo iba a su lado, sujetando la mano de mi hermanita. Con el esfuerzo, el hombre jadeaba y me miraba de manera extraña. Un sudor frío empezó a correrme por la espalda. La caminata se volvía más larga y más difícil. Le pedí que me la diera. Yo la iba a llevar de la mano. La llevaba junto a mí cuando alguien gritó: —¡La Migra!

El pulso empezó a latirme en las venas. La gente se echó a correr. Sin soltar la mano de mi hermanita me escondí tras unos arbustos. Los demás hicieron lo mismo. Se escucharon unos ruidos de hélices. Una luz cegadora salía del cielo. Nos escondimos en los arbustos. Una sombra se acercó y me arrebató a mi hermanita. Sentí que me volvía loca. Al salir no la vi por ninguna parte. Transcurrieron más de veinte minutos. Los veinte minutos más largos de mi vida. Los de inmigración no nos habían visto. Todos iban saliendo de su escondite menos el hombre que me había ayudado con mi hermanita. Estaba a punto de gritar cuando salió con ella de unos arbustos. La abracé y lloramos juntas. En ese momento el coyote del pelo entrecano y ojos negros le dijo al hombre que nos traía de El Salvador: —La muchacha y la chiquilla se vienen conmigo.

Me oriné del susto. En grupo éramos como treinta.

—¿Verdad que se vienen conmigo? —enmudecí.

—Quién se va a ir contigo es tu puta madre —contestó el otro.

Al oír esto. El coyote mexicano se le dejó ir al salvadoreño y lo derribó de un puñetazo. Cayó boca arriba. Se me hizo un hueco en el estómago. El coyote salvadoreño se levantó y se le echó encima con tanta furia que el coyote mexicano le gritaba:—¡Cálmate güey, si no quieres que te lleve la chingada!

—Pues nos va a llevar a los dos —le contestó el salvadoreño.

Los dos se miraban como dos perros rabiosos. Intercambiaron puñetazos. Finalmente el coyote mexicano dijo: —Ahí muere. Pero te advierto que no las voy a ayudar. Tienen cinco minutos para cruzar ese espacio y llegar al otro lado de la carretera. —Los ojos negros se le habían hinchado con los golpes.

Esperábamos una señal para correr juntos. En un descuido del hombre que nos había defendido, el coyote mexicano acercó su cara agria a la mía, —Tú y tu hermanita no van a llegar. —Mi pulso se aceleró. A voz en cuello, el coyote gritó—: ¡Ahora, córranle!

Todos corrimos. Yo no solté la mano de mi hermanita. Aquello se convirtió en una carrera de obstáculos, declives, caminos angostos, hasta llegar a una explanada con pocos árboles. ¡Ay no! Fue todo tan feo. Ahí nos ordenaron acostarnos en el suelo. Mi hermanita y yo temblábamos de pies a cabeza. Al mucho rato se escuchó el ruido de un carro. Era una van. Nos empujaron adentro con tanta prisa que a mi hermanita la aventaron como si se tratara de un objeto. Íbamos unos arriba de otros. Nos llevaron a una casa en San Diego. Me di cuenta que todas las casas que usan los coyotes tienen el mismo aroma: orines, excremento, vómito. Nos ordenaron dormir en el piso. El coyote mexicano me miraba y se relamía los labios con una sonrisa burlona. En esa casa había otras dos mujeres esperando. Éramos ya más de treinta.

Sentada, con la espalda rígida, adolorida, pegada a la pared, con mi hermanita dormida sobre mis piernas cerré los ojos. Veía los volcanes, el corredor lleno de helechos y aspiré el aroma de los nardos. El señor que nos había cuidado se dio cuenta que estaba despierta. Se sentó cerca de mí. Me habló en voz baja: —Vos pensá que tu papá te mandó para acá para que tengás una mejor vida. Para tu hermanita también. Mañana muy temprano salimos a Los Ángeles. Ya pasó lo duro del camino. —Le agradecí por lo que nos había cuidado. Me habló de las cosas buenas que había en Estados Unidos—, Acá las leyes se respetan, niña. Por pasarte un alto te cobran el equivalente de 500 colones.

Un cielo cargado de nubes nos recibió en Los Ángeles. Mi hermanita, desconcertada, me preguntó: —¿Ya llegamos a Disneylandia?

Angélica,
Los Ángeles, California

Llegamos al pueblo "Gracias a Dios"

Nací en el Perú donde logré graduarme de maestro, pero trabajaba de taxista. Trabajaba doce horas diarias. Había logrado juntar 1,800 dólares para comprarme un carro. Sólo me faltaban quinientos para el enganche cuando llegó la llamada que cambió mi vida. Era mi primo Paul, hacía diez años que había dejado el Perú para irse a los Estados Unidos. Me animaba a reunirme con él. Aunque al principio le dije que no, cambié de opinión.

Cuando le dije a mi esposa del viaje. Se puso a llorar como una niña. La conocía desde muy chica. Logré convencerla que me permitiera hacer el viaje. Cuando hablé con mis padres tampoco estuvieron de acuerdo. Sobre todo mi madre, pero al igual que a mi esposa, la convencí. Lo más duro vino después, tuve que dejar a mi hijo pequeño. Yo creo que presentía algo, tal vez que iba a pasar mucho tiempo para volverlos a ver.

Salí un 4 de julio, vaya fecha de partida. Llegamos al aeropuerto dos horas antes de la salida del avión a Panamá. Yo abrazaba a mi mamá y a mi esposa. Miré a mi hijo. Me lo llevé al baño y le hablé como si ya fuera un hombre aunque sólo tenía seis años. Le dije que en mi ausencia él sería el hombre de la casa, que yo me iba lejos y que cuidara mucho a su mamá. La hora de la partida se acercaba. Mi madre empezó a llorar. Yo sentía una extraña sensación en el corazón que no puedo explicar. Mi esposa me abrazó, pero no la miré llorar. Le dije al oído que tenía que ser fuerte delante de mi mamá. Mi hijo me miró y lo abracé. Me di la vuelta hacia la puerta de abordaje. Aún faltaba que me revisaran el equipaje. Voltié y me di cuenta que había caminado por un largo pasillo, mi familia había quedado muy lejos. Seguí caminando y ya no los volví a ver.

Me repetía una y otra vez que esa decisión había sido la mejor. Me alejaba para procurarles una vida mejor. Era por el bien de todos, de mi hijo, de mi esposa y de mi familia en general. Llegué a Panamá a las 11 de la mañana el 4 de julio. El día de la Independencia de Estados Unidos. En Panamá estuve dos días. Saqué una visa a Costa Rica. Me la dieron por treinta días. En Costa Rica estuve veintidós días porque no me quisieron dar visa para Nicaragua. Un coyote peruano me llevó hasta Guatemala. Cruzamos caminando por unas montañas, después de tres horas llegamos a un lugar que se llama Rivas, de allí tomamos un bus hacia Managua. En Managua me le escapé al coyote peruano porque no avanzábamos. Me había prometido que en tres días estaríamos en Managua y ya habían pasado dos semanas. Un coyote hondureño me llevó a la frontera de Honduras como a las 5 de la tarde sin contratiempos.

Al día siguiente, salimos como a las 4 de la mañana rumbo a Tegucigalpa y de ahí a la frontera con El Salvador. En El Salvador comimos unos tacos y descansamos unas horas. A la una de la mañana cruzamos el río que une El Salvador con Guatemala, después de cruzar el río, caminamos como tres horas para luego tomar un bus para Guatemala. Llegamos a Guatemala como a las 3 de la tarde. Almorzamos en la calle. Aproveché para llamar a los suegros de mi primo Paul. Él estaba casado con una guatemalteca y sus suegros vivían ahí.

En Guatemala estuve dos meses. Trabajé como pintor y vendedor ambulante. El dinero se me había terminado. La pasada de Guatemala a Estados Unidos en ese entonces, era de 2,500 dólares. Mi primo Paul me envió dinero para completar el viaje. En el viaje iban centroamericanos, ecuatorianos e hindúes. Yo era el único peruano. Llegamos a la frontera de Tecunman. Allí nos embarcaron en una pipa de agua, íbamos como sesenta personas: niños, señores y ancianas.

En Oaxaca, México, nos descubrieron los federales y nos regresaron. Intentamos cruzar de nuevo por un pueblo de México que se llama "Gracias a Dios" que pertenece al estado de Chiapas. Allí estuvimos como dos semanas, dando sólo una comida al día. Después de este tiempo, nos embarcaron en un trailer grande. Íbamos como 120 personas. Lo único que llevábamos de comida era una lata de jugo Jumex, unas galletas y una manzana para todo un día de viaje. Nos sentíamos como animales, como ganado en su travesía al matadero. Antes de cerrar la puerta, nos dejaron dos baldes de plástico para hacer nuestras necesidades. Yo fui el primero en ocuparlo, no supe si los utilicé por poner el ejemplo o por miedo de no poder hacerlo después.

Cuando salíamos de Chiapas nos dieron unas tortillas con una carne que no pude precisar de qué animal podía ser. Aunque el hambre era mucha, me cayeron muy mal.

Llegamos al Distrito Federal como a las 2 de la madrugada. El viaje había durado más de un día. El Distrito Federal fue el único lugar en que nos trataron como seres humanos. Un señor y su esposa a la que llamaban Güera nos atendieron en su casa durante dos días. Salimos en grupos de dieciocho, para mi suerte, yo iba en el primer grupo. Salimos en bus hasta Tamaulipas y de allí, tomamos un tren para Agua Prieta. En el camino subieron los federales, no nos preocupamos. Ya se nos había advertido que sólo teníamos que dar 200 pesos y decir: "Somos pollos de la Güera".

La Güera viajaba con nosotros y cada vez que nos quitaban los 200 pesos, llegaba ella y nos daba otros 200 pesos para continuar el viaje. En una de las revisiones, en un lugar que se llama Torreón, bajaron a dos mujeres dominicanas y ya no las dejaron subir. Nunca supimos qué pasó con ellas. Habían transcurrido dos días de viaje y de entregar 200 pesos a cada grupo de federales que se subía a revisarnos. Viajamos casi tres días para llegar al poblado de Agua Prieta donde nos llevaron a una casa donde habían más de 200 personas. Allí permanecimos tres días para luego trasladarnos a un pueblo que era frontera con Phoenix, Arizona.

Recuerdo con exactitud que fue un 31 de octubre a las 12 del mediodía, cuando salimos en un camión de basura. Éramos como cuarenta personas, nos dejaron en un lugar desértico con tres guías. Uno adelante, otro en medio del grupo y el tercero casi al final. El trayecto lo hacíamos caminando, pero teníamos que correr cuando nos lo indicaban. Hubo mujeres que ya no pudieron correr porque cargaban con bebés en los brazos.

Un ecuatoriano y yo nos encargamos de llevar a un niño, lo llevábamos casi cargando de un brazo cada uno. Al verlo, me acordé de mi hijo, tendría la misma edad. Un guía me dijo que lo dejara con su mamá. Me advirtió que si la Migra me agarraba con un niño, me podría acusar de contrabando de menores. Me asusté y se lo entregué a la mamá.

Como a las 5 de la tarde, después de caminar por tantas horas, uno de los guías nos dijo que ya estábamos en Estados Unidos. Había que esperar a que se hiciera de noche. El frío era terrible, pero no importaba porque ya habían llegado unos camiones. Salimos en grupos de doce. A mí me tocó ir en el segundo grupo. El viaje duró como tres horas, el frío se volvió más intenso. Llegamos a Phoenix como a las 3 de la mañana. El coyote que nos recibió era peruano. Me permitió hablarle a mi primo. Paul me recogió al día siguiente y le pagó al coyote lo que debía. Me sentí afortunado. En la casa del peruano me encontré con personas que ya tenían ahí más de un mes porque sus familiares todavía no completaban el dinero para sacarlos.

Freddy,
Los Ángeles, California

Luna de miel en el camino

La forma de querer tú
es dejarme que te quiera.
El sí con que te me rindes
es el silencio. Tus besos
son ofrecerme los labios
para que los bese yo.

—Pedro Salinas

Vivir en Estados Unidos nunca estuvo en mis planes y menos el casarme con alguien que viviera al norte de México. La experiencia la tenía con mis tías, mujeres rollizas, pendientes de una carta. Ojos solitarios escudriñando por las ventanas. Noches de insomnio de añoranza. Yo no viviría como ellas: Encerradas, sin poder tener a un hombre como amigo por temor a ser señaladas como infieles y, sus maridos, como cornudos. Mis tías eran bonitas y se habían casado con equipo de novia.

Yo no sería como ellas, una esposa sometida a la espera. *No se qué tienen tus ojos, no se qué tiene tu boca, que domina mis antojos y a mi sangre vuelve loca.* A la nostalgia del hombre que se desea pero no se tiene al lado. *De noche cuando despierto, al cielo pido olvidarte y al amanecer despierto tan solo para adorarte.*

&ε; &ε; &ε;

Tres veces le dije que "no" antes de aceptar bailar una pieza con él. *Qué influencias tienen tus labios que cuando me besan tiemblo* . . . Su mano fuerte oprimiéndome la cintura. La música suave, acariciadora, *y hacen que me sienta esclavo y amo del universo*. No me di cuenta cuándo dejó de tocar el conjunto musical la canción que cantan mis tías. Nos quedamos en la pista, tomados de la mano. La canción que siguió era suelta, pero la bailamos abrazados. *Cuando apenas era un jovencito mi mamá me decía busca amor, nada más que amor*.

Lo había rechazado en el baile por su aspecto de norteño recién llegado, su sombrero texano, las botas que parecían pesar mucho al caminar. En la pista se movía con ligereza. Me habló de su vida solitaria en Los Ángeles. *No la busques, dijo, muy bonita porque al paso del tiempo se le quita*. Hacía diez años que se había ido de León, Guanajuato. Estaba listo para formar una familia. *Busca amor, nada más que amor*. Su corazón le decía que tenía enfrente a la madre de sus hijos, me dijo. Me reí alarmada. Me parecía mucho el atrevimiento de aquel desconocido. Una mezcla de curiosidad y vanidad me mantuvo escuchándolo. Su rostro era común, la risa fácil, ruidosa como la de un niño. Quedamos de vernos al día siguiente y dos semanas después, estábamos comprometidos para casarnos. Yo no seguiría el ejemplo de mis tías, yo sí tendría un cuerpo todas las noches en mi cama. Un cuerpo que se pegara al mío. No viviría de añoranzas ni estaría abandonada en mi casa.

Nos casamos un luminoso día de mayo y, todavía mareados por la boda, salimos a Tijuana. Toda la familia fue a despedirnos, incluidas mis tías que no dejaban de llorar ante mi partida. Tenía muchas ganas de conocer Tijuana. Todos en Guanajuato hablaban de esta ciudad. Me la imaginaba una metrópoli llena de rascacielos de cristal. Sus calles limpias y ordenadas. Debía ser así por su cercanía con Estados

Unidos. El viaje en avión fue una buena experiencia. Desde arriba se divisaba una hilera de casas de cartón. Eso no podía ser Tijuana.

La realidad de la ciudad me dolió con la intensidad de cólico en el invierno. Atravesamos el centro en un taxi que tomamos en el aeropuerto. En mis hombros descansaba la fuerza de los brazos de mi marido. La ciudad era sórdida, las casas eran feas. Había niños pordioseros pidiendo limosna en las esquinas, los perros husmeaban los basureros. La miseria era la misma que había visto una vez en el Distrito Federal. Una niña rasgaba una guitarra de tres cuerdas. Otra de no más de cinco años, sonaba unas maracas descoloridas y cantaba . . . *Y como no hablaba inglés que nos avientan pa' Juárez . . . La migra a mí me agarró . . .*

—Ándele seño, deme para un taco. Mi hermanita y yo no hemos comido. *Doscientas veces mojado* —me dijo entre las estrofas de la canción.

El taxista las veía con indiferencia. Mi marido sacó una moneda y se la puso en la mano. El semáforo cambió y pudimos avanzar.

El taxista nos dejó en la casa del coyote en donde recibimos la primera mala noticia. Se había ido de viaje y no sabían cuándo iba a regresar. Ése fue nuestro primer día de luna de miel. Cenamos comida enlatada y verdura fresca que compramos en una tienda.

Tijuana no resultó como me la imaginaba, pero sabía que Estados Unidos debía ser como lo había visto en la televisión. Las imágenes no mentían. Un país de gente bonita, bien vestida, una vida de comodidades. Ahí debía vivirse muy a gusto porque pueblos enteros emigraban para allá. Me imaginaba a Hollywood: Una ciudad llena de luces, las artistas vestidas de pieles que costaban demasiado. Asidua lectora de *Selecciones/ Reader's Digest,* me había enamorado de los buenos hábitos de los norteamericanos, sabía de su orden familiar y su consideración de los demás. Recordaba un artículo en especial de cómo las personas se saludaban en las calles con un simple "Hi". "La hospitalidad y la consideración eran características de la sociedad estadounidense", leía el artículo.

Me emocionaba la idea de poder ir a un concierto de los Bee Gees. Tenía la colección completa de sus canciones. La película *Saturday Night Fever* la había visto cinco veces nada más por la música. Fui de las primeras en comprar los discos cuando llegaron a la discoteca Silvia de Guanajuato. Traían todas las canciones: *More than a woman, How deep is your love, If I can't have you* era mi preferida. Pero si la música de los Bee Gees me trastornaba a quien realmente quería ver en concierto era a Santana. Me conocía de memoria la letra de sus canciones: *Oye cómo va, mi ritmo vamos a gozar, ta, ta,ta.* Cuando le hablé en el avión a mi marido de mis gustos musicales, me di cuenta que eran muy diferentes. Él prefería la música de Los Bukis y Los Tigres del Norte.

Al cuarto donde estábamos hospedados llegó su primo Juan. Le había avisado de su casamiento y partida hacia Estados Unidos. El primo Juan decidió acompañarnos. Nos guió al lugar por donde se podía cruzar sin ser vistos por la Migra. Enfrente de nosotros había una enorme barda, no sabía cómo íbamos a pasar. Enfrente de aquella muralla me pareció curioso cómo una misma tierra podía estar tan celosamente dividida.

El primo Juan dijo que debíamos cruzar por Tecate. Nos dirigimos hacia allá. Nos encontramos con una enorme valla de alambre. El primo sugirió caminar siguiendo la ruta del cerco. A medida que avanzábamos notamos enormes agujeros hechos por debajo del cerco. Nos encontramos a nuestro paso precarias viviendas hechas con cuatro palos y un pedazo de cartón como techo. Familias enteras nos miraban con ojos hambrientos.

Después de varias horas, mi esposo notó un enorme agujero a un lado del cerco, era como una grieta profunda. Nos asomamos. Había como treinta personas adentro. Llevaban el pelo y las mejillas llenas de tierra. El coyote se identificó con nosotros. Llegaron a un acuerdo, también nos pasaría a nosotros.

Nos acomodamos en aquella grieta que ya adentro me parecía más estrecha. En unos minutos, nosotros también teníamos el pelo y las mejillas llenas de tierra. Me acerqué a mi esposo. Me acurruqué en sus brazos. Él apoyó su barbilla sobre mi cabeza. No había mucho espacio para moverse, pasaron varios minutos, adentro había dos mujeres con niños de brazos. Uno de ellos empezó a llorar. El llanto era desgarrador, lloraba de hambre. La mujer delgada, casi cadavérica se subió el suéter, dos pechos flácidos saltaron, empezó a amantar al niño que desesperado empezó a succionarle el pezón. El silencio era total. La otra mujer la miraba nerviosa. Los hombres miraban hacia arriba. El chillido del niño rompió el silencio. Se empezó a agitar. La otra mujer intervino: —Dámelo, yo te lo termino de llenar. —La mujer delgada le extendió al niño. Bajó la cabeza para ocultar las lágrimas que se le resbalaban por las mejillas.

Ninguna de las dos mujeres llevaba brassier. La escena se volvió a repetir. La mujer flaca dejaba ver sus pechos flácidos y la que estaba sentada junto a ella, una mujer menos delgada, de pelo muy corto y barbilla partida, tenía una belleza distinguida, terminaba quitándoselo para amamantarlo ella. A diferencia de la mujer flaca, ésta tenía unos pechos refulgentes, redondos, desafiantes.

El sol se había vuelto gris cuando el coyote nos dijo que saliéramos. Primero unos, luego los otros. Nos dio instrucciones de cómo debíamos cruzar corriendo. Debíamos cruzar agachados por un pastizal y no parar hasta que él nos diera la señal.

If I can't have you, I don't want nobody baby, if I can't have you, oh, oh, oh, la canción me acompañó todo el rato que duró la carrera y me siguió mientras nos arrastrábamos como culebras en un espacio abierto. El coyote hablaba en voz baja: —Tenemos que burlar a la Migra que vigila desde la colina.

Mi esposo me miraba con preocupación. Yo seguía arrastrándome. Las mujeres avanzaban hincadas con los bebés en sus brazos. Los ojos me ardían. Seguimos avanzando cuando se escuchó una voz de mando: —Parar torous. No moverse nadie.

La orden había salido de una patrulla que se desprendía de las sombras y avanzaba hacia nosotros. Nos tiramos al piso sobre un lodazal. Me cubrí la cabeza con las manos. Escuchaba el ruido de un auto. Lo escuchaba cada vez más cerca, como si me fueran a atravesar. Seguí con la cabeza agachada. Cerré los ojos. El ruido del motor hizo que me incorporara. La llanta estaba a medio metro de mi cabeza. Mi esposo corrió para levantarme. Sentí que me desprendía del suelo y me levantaba en peso.

Fuimos los únicos arrestados. Los demás lograron huir. El agente pidió refuerzos y llegó otra patrulla. En el camino pensé en mis tías, sentadas en sus mecedoras, mirando por la ventana a los que pasan. Quise estar donde estaban ellas. La patrulla cruzó un largo trecho y se estacionó frente a un edificio.

Al bajar nos separaron. Mi esposo me estrechó la mano. Me dijo que no me asustara.

—Tú sígueme —el agente caminó de prisa, sin voltear atrás.

Yo lo seguí hasta una oficina. Estaba llena de hombres, el agente caminó al centro. Yo lo seguí. Con las dos manos en la cintura se volteó así mí. Para que todos lo escucharan, dijo en voz alta. —¿Tú qué hacer aquí? ¡Largarte! ¡Ándale!

¡Largarte de aquí!

Sentí que las piernas me temblaban. Aquel hombre alto, de pelo rojo como el de una granada, se burlaba de mí. Lo mismo hacían sus compañeros, se reían y yo estaba ahí con la ropa empapada, el lodo cubriéndome los codos y las manos. Hacía apenas tres días que era admirada con mi vestido blanco, mis damas de honor y mis pajes vestidos con satín y terciopelo. Quise escupir aquel rostro cubierto de pecas, me di vuelta y salí indignada.

A mi esposo y a mí nos deportaron a Tijuana. Me sorprendió la naturalidad con que la gente nos veía en la calle. Era como si nuestro aspecto fuera algo común en la ciudad. Pasaron dos días y encontramos a otro coyote, éste era mucho más joven. La pasada sería por Tecate. Al llegar a la malla de metal se nos acercó un jovencito de unos 14 o 15 años. Lo acompañaba otro un poco mayor. El jovencito se adelantó al agujero donde habíamos estado un par de días antes. Se deslizó con una gran facilidad. Desde allá le grito al coyote: —¡El mosco!

—¡Al suelo todos! —gritó el coyote.

Dimos un gran salto a un pastizal. Me sorprendí de que no nos golpeamos con el impacto. Eran las 10 de la noche. Empezaba a llover. Otra vez tuvimos que correr y arrastrarnos como soldados. El recorrido fue largo. Cruzamos un puente que resultó ser un tubo de desagüe debajo de una carretera, el coyote y el joven subieron una colina. Mi esposo aprovechó para decirle a Juan que nos había alcanzado: —Si tratan de hacernos algo. Tú encárgate del joven y yo del bato.

El coyote nos llamó. Subimos la colina. Nos señaló una patrulla que al parecer nos había visto y se dirigía hacia nosotros. El coyote nos señaló un camino, lo seguimos. Brincamos un cerco. Invadimos propiedad privada. Por fortuna la patrulla se desvió. Caminamos durante tres horas. Un momento muy difícil fue el que pasamos para atravesar unos barrancos y montañas pedregosas. Al bajar de una de ellas, nos vimos rodeados de vacas y toros. Serían unas mil cabezas de ganado. Me quedé paralizada de terror. El coyote nos dijo que continuáramos caminando, sin mostrar miedo. Logramos llegar al fondo del cerco. Lo brincamos sin espantarlos. Los pies los sentía entumidos. El jovencito me daba ánimos. Me apoyé en él. Mi esposo pareció encelarse:

—Nunca te dije que iba a ser fácil. Debiste de haber hecho más ejercicio.

No dije nada. Intenté seguir sin la ayuda del joven. El primo Juan se ofreció a ayudarme.

¿Por qué nada de esto pasa en la televisión? Pensaba. Tampoco nadie lo platica. Todo lo que sabemos es que Estados Unidos es muy bonito y que se gana mucho dinero. Eso es lo que dicen los que llegan del norte. Empecé a sospechar que también la televisión me había mentido.

Los coyotes cruzaban ágiles las montañas. Yo hacía esfuerzos por no desmayarme del cansancio. Con el rabillo del ojo observé que mi marido me seguía a corta distancia. De repente había envejecido. Sus ojos se habían hundido. No habíamos comido nada en todo el día.

Una lluvia menuda empezó a dificultarnos aún más el camino. A medida que avanzábamos se hacía más intensa. Las gotas caían gruesas como piedras sobre nuestras espaldas. Yo me quité los zapatos. Las rodillas me temblaban y parecía que mis pies pisaban sobre tachuelas.

El coyote nos señaló unas fábricas que se divisaban más adelante. Para llegar ahí teníamos que atravesar unos canales de desagüe. Contuve la náusea porque el coyote exigía absoluto silencio. Sentía la presión de la sangre en las sienes. Sentía ganas de vomitar. ¿Era esa mi luna de miel? Mi marido se veía distante. El cansancio lo había alcanzado también a él.

Salimos a un lado de la fábrica. Se escucharon ladridos de unos perros. Eran las dos de la mañana, tal vez las tres.

Seguimos hacia un almacén. Nos escondimos debajo de unas escaleras, ahí estuvimos hasta la mañana. Yo me quedé dormida. Las voces de varios hombres me despertaron. El jovencito me dijo que estábamos en Chula Vista y que empezaban a llegar los empleados. Esa ciudad debía estar muy lejos de Tijuana porque habíamos caminado mucho.

Con gran misterio, el coyote nos llamó aparte. Nos dio instrucciones de caminar hasta una arboleda cercana. Así lo hicimos. Ahí nos esperaba un hombre en un carro rojo. Esperamos unos minutos. El coyote, el primo y el niño se nos unieron. El hombre le dio las llaves y se fue de prisa. A mi esposo y al primo los metieron en la cajuela. A mí me escondieron debajo de los asientos traseros. El coyote manejaba y el jovencito iba sentado a su lado. Después de viajar un rato, escuché cuando se paró el carro. Un hombre le dio ropa al coyote y se llevó al joven. Volvió a arrancar. Hicimos una segunda parada donde me hizo sentarme enfrente. Pasamos la revisión sin problemas. ¡Los habíamos burlado! ¡Ya estábamos a salvo! Pensé.

En el asiento de adelante lo podía ver todo. Las casas eran todas iguales. Los carros nuevos. Los rótulos de las calles. Bob Hope Dr. leí, no sabía que Bob Hope era también doctor. Otros artistas también tenían "Dr." al final. Después supe que "Dr." significaba "Drive". En ese momento pensaba en Hollywood, atrás había quedado lo feo, lo grotesco, lo maloliente. Me esperaba la luna de miel interrumpida con el marido que viajaba en la cajuela. Un concierto de Santana, ¿por qué no? otro de los Bee Gees y una visita a Hollywood. *If I can't have you, I don't want nobody baby, if I can't have you, oh, oh, oh.* El coyote me miraba como si estuviera loca. No me importaba. Cantaba. Estaba feliz.

Fabiola,
Los Ángeles, California

Un descuento por decir la verdad

as noticias hablaban de cien mil refugiados que habían cruzado la frontera de Guatemala a México. También se hablaba de las incursiones del ejército a Chiapas y de los indígenas que morían. Yo no me iba a quedar en México ni tampoco iba a llevar a mi familia como refugiada. Yo me iría primero a Estados Unidos y luego mandaría por ellos. Guatemala se había convertido en un país muy duro para vivir. Azotados por la muerte, los campesinos en lugar de arar milpa, estábamos arando cadáveres. La lucha por la tierra se había vuelto feroz, los terratenientes azuzaban a los campesinos a matarse unos contra otros. Nadie sabía si el vecino podía matarlo a uno la siguiente mañana. Los campos verdes de Guatemala se habían convertido en cementerios. Los huesos de los humanos se confundían con los huesos de los animales. No había otra opción: o la salida o la muerte.

Escribo esto porque pocos son los que saben de las circunstancias que se vivieron en Guatemala principalmente en los setenta y ochenta. Para el mundo, Guatemala no era más que un país pobre, tal vez uno de los más pobres del mundo. Esa imagen, aún hoy en día, la siguen teniendo.

Me puse de acuerdo con un compa para salir junto con sus dos hermanas un 28 de diciembre. La salida de Guatemala fue muy triste. Las dos hermanas llevaban las caras pegadas a las ventanas. Dejábamos una tierra fértil en recursos, pero también en desigualdades. Amaba esa tierra de venados, coyotes, taltuzas, y chompipes. Pero tenía que dejarla para poder vivir y sacar adelante a mi familia.

En el trayecto les manifesté mis dudas. —Mirá, y ¿a dónde vamos a llegar?

—A Tijuana pues. Allá le pagás a un coyote.

—¿Tenés a uno ya visto?

—Nos van a sobrar, están dondequiera.

—¿Y hay que pagar antes vos?

—No. Tú pagás hasta que ya estás en el otro lado.

—Ojalá que nos vaya bien vos.

—No temás que vamos a llegar.

Sus palabras me tranquilizaron. Sus hermanas iban sentadas en los asientos laterales. En todo el camino señalaban árboles, plantas, cerros. A veces se reían quedito. Al hacerlo se tapaban la boca. Me daba la impresión que se contaban historias para ahuyentar el miedo.

Llegamos a la frontera con México. Mostramos nuestro pasaporte guatemalteco. El agente de migración nos preguntó uno por uno: —¿A dónde te diriges?

Casi todos contestaron: —Al Distrito Federal.

—A Tijuana —contesté yo.

El hombre alzó los brazos al cielo y exclamó: —¡Vaya, por fin uno que dice la verdad! —dirigiéndose a todos, dijo—: ¿Ven? Este señor es el único que dijo la verdad. Todos ustedes van para Tijuana y si quieren que los deje pasar, ya saben lo que hay que hacer.

Todos pagamos. El agente recibía el dinero con la mayor naturalidad. Al llegar conmigo, le extendí los veinticinco dólares.

—No señor. Usted deme nomás quince.

Me hizo un descuento por decir la verdad. Mi paso estaba libre. Abordamos un camión rumbo al Distrito Federal.

Nos acomodamos en los asientos. Hubo otro retraso. Un nuevo inspector apareció en la puerta del bus. Acabábamos de pagarle a uno. La pregunta fue la misma. Empezó con los que iban sentados en los asientos de enfrente.

—¿Cuánto dinero llevas?

Las cantidades variaban: 200, 300, 250, 400. Estaba parado enseguida de nuestro lugar. Mi compa contestó:

—¿Para qué quiere saber?

La pregunta lo enfureció: —Soy inspector. Tienes que contestar.

—Aquí dentro de mis zapatos llevo 500 dólares —dijo mi compa.

—Muéstramelos, y si no lo haces inmediatamente, aquí mismo te bajo.

Mi compa iba a mostrárselos cuando el oficial lo jaló del brazo. Sorprendido levantó la vista: —Mirá si te voy a enseñar el dinero.

Sin contestar. Lo jaló del brazo para bajarlo del camión. Las dos hermanas se levantaron de su asiento, llorando corrieron hacia él. —¡Es nuestro hermano! ¿A dónde lo lleva? ¡Por favor, señor, si nos regresa nos van a matar! ¡Déjenos seguir!

La imagen que conservo de mi compa es el de un gran odio en el rostro. Inmóvil ante sus hermanas que suplicaban al de la migración mexicana que les permitiera continuar el viaje. —¡Si regresamos nos van a matar! —El oficial no se inmutó. Con una frialdad glacial ordenó secamente que los regresaran a Guatemala. Nunca más volví a saber de ellos.

Fue mi primera adversidad, yo no conocía Tijuana. El viaje duró toda la noche y todo el día siguiente. Llegamos a una plaza muy grande donde había terminales de varias empresas de buses que se dirigían a distintas ciudades de México. En un bus de la línea Tres Estrellas con rumbo a Tijuana, iba yo. El bus se deslizaba suavemente sobre el asfalto. No había nubes, el día era soleado. Pude admirar los distintos paisajes. Enormes extensiones de tierra, bosques abundantes seguidos de hileras de montañas.

La noche cayó de pronto sobre el camino. Las conversaciones se hacían más claras. Faltaba poco para llegar a Guadalajara. Qué impresionante me resultó Guadalajara, con sus templos, sus calles, sus monumentos. Qué ganas de recorrerla a pie como los turistas que veía a través de la ventana. Pasamos muy cerca de la catedral. A un lado vi turistas subidos en carruajes jalados por caballos. El chofer del autobús se detuvo un rato en el centro. Comimos en un restaurante pequeño, pero de surtido menú. Se me hacía agua la boca con todos los platillos: carne en chile verde, carne en chile rojo, chiles en nogada, chiles empanizados, tortas ahogadas. Me di cuenta que cualquier cosa que ordenara iba a tener chile. Me decidí por unas tortas ahogadas, la enchilada me duró todo un día y parte del otro.

El chofer aceleró al tomar la carretera rumbo a Nayarit, nuestra siguiente parada. El bus devoraba con alta velocidad los kilómetros. En las rápidas paradas se acercaban por las ventanillas todo tipo de vendedores: —Nieve, lleve su nieve, nieve, nieeeveee. —También asomaban sus manos pordioseros y vagabundos. Los rostros de los mendigos tenían la misma expresión de tristeza que los indígenas de Guatemala.

Un pasajero se levantó a indagar sobre la hora en que llegaríamos a Mexicali. Era la primera vez que escuchaba ese nombre. Regresó a su asiento y comentó en voz alta, —Ese retén está difícil.

El corazón me latió apresurado. Le pregunté y me explicó que antes de llegar a Tijuana teníamos que cruzar por Mexicali y que ahí detenían a los que no eran mexicanos. Se aceleraron aún más los latidos de mi corazón. El hombre me explicó que lo mejor era llegar a un acuerdo con el chofer. Me acerqué al conductor: —¿Hay dificultad para pasar el retén de Mexicali?

—Sí. ¿Vas para el otro lado?

—Sí, pero no sé cómo hacerle.

—No te apures. Yo te puedo ayudar.

Regresé a mi asiento. Pasamos por Nayarit sin detenernos. La parada fue en otra ciudad de pescadores que nunca supe cómo se llamaba. Me impresionaron sus montañas, su mar apacible. Era un lugar realmente hermoso.

Hice un esfuerzo por dormir. No sé cuántas horas pasaron, cuando una sacudida en el hombro me despertó.

—Ya vamos a llegar a Mexicali —me informó el mismo hombre.

Hacía frío pero yo empecé a sudar. Algo inexplicable pasó. El chofer se salió de la carretera y se internó por un camino lleno de polvo. La luna iluminaba los cactus. El autobús siguió avanzando con dificultad. El chofer se detuvo en una casa de cemento rodeada de árboles. Todo alrededor estaba oscuro. El chofer anunció: —Voy a ver a mi familia, regreso en un rato. —Nos dijo como algo muy natural.

Todos nos quedamos en silencio, menos una voz que salió de la parte de atrás del bus: —¿Necesito tirar el agua compa?

—Con confianza llégale al pasto —le dijo el hombre y luego se bajó y se metió en la casa.

Pasaron dos horas y ya empezaba la tercera. Vi mi reloj. Pasaban cuatro minutos despues de las 12 de la noche de aquel 31 de diciembre de 1978. Recordé esas fechas en mi niñez. Sentado junto con mis hermanos frente al fogón de la cocina. El bote con los tamales y los tenamastes cocinándose. Muy cerca a la milpa, mi padre cortando las mazorcas para cocinarlas en una tina enorme que ponía en medio del patio. Así me parecía ahora la familia, una mazorca que se va desgranando hasta quedar el puro olote. Así habían quedado las tierras, como olotes, solas y desdentadas. Extrañé los aromas de mi tierra, las pepitas de chilacayote, el ayote, la carne con achiote, el chompipe. El golpe de los recuerdos me dejó atribulado.

Ya era Año Nuevo. La puerta del bus se abrió. Subía el chofer con una enorme sonrisa. Se dirigió a mí: —Pásame 25 dólares y te llevo hasta Tijuana. —Le di el dinero. El bus se puso de nuevo en movimiento. No sé cuántas horas dormí, pero cuando desperté el camión se había estacionado—. Ya estamos en Tijuana —me informó el chofer.

Me alejé de la terminal, hacía un sol radiante, busqué un hotel para bañarme y cambiarme de ropa. Pasaron cinco días sin que encontrara un coyote que me pasara al otro lado. La búsqueda la hice con mucha prudencia porque las autoridades mexicanas andaban al acecho de los centroamericanos.

Al sexto día di con una persona que me pasaría a los Estados Unidos. La malla ciclónica estaba vieja y destartalada. La levantamos con facilidad. Éramos varios. El coyote nos indicó que nos escondiéramos en unos pequeños arbustos. Ahí estuvimos agazapados, esperando la segunda orden.

Las hélices de los helicópteros volaban sobre nuestras cabezas. Pasó mucho rato. La tarde desapareció y llegó la noche. Cerca de la medianoche, el pollero fastidiado dijo: —Mejor nos regresamos porque ese helicóptero no nos deja avanzar.

Yo protesté: —Esperemos un rato más. A la mejor se va.

—Lo dudo. Miren el cielo, está limpio, hay luna llena, el helicóptero no nos va a dejar avanzar —avisó el pollero.

Los demás me apoyaron y esperaron conmigo. Recé una oración que me enseñó mi madre de chico. *Excelsa madre de Dios y madre nuestra, te suplico nos ayudes llegar a nuestra meta. Me encuentro abatido y mi dinero, día a día escasea, mas imploro tu gracia.* No pasó más de media hora cuando desapareció la luna. Aquello fue un milagro. El cielo se nubló y el helicóptero huyó al ver la lluvia que caía fuerte.

—¡Avancemos! ¡Ahora es cuando! —al grito del coyote comenzamos a bajar el cerro. Continuamos hasta llegar a una calzada donde nos esperaba una camioneta cubierta. Más adelante nos bajaron y nos ordenaron atravesar corriendo la autopista. Así lo hicimos. Llegamos a una ladera y seguimos caminando hasta llegar a una playa. Cuando pensamos que ya habíamos llegado a nuestro destino nos dimos cuenta que todavía teníamos que caminar un buen trecho. Llegamos a una planta termonuclear y subimos a un costado de la ladera hasta llegar a otra autopista. Allí nos recogieron en otro vehículo. No hubo sorpresas en el camino por carretera. El coyote nos llevó a una casa cerca de Los Ángeles. La puerta la abrió una señora de pelo cano y gruesos lentes de aumento. Le pagué lo convenido. Salí a la calle sin saber qué iba a ser de mi vida. Me sentí un extranjero en un mundo desconocido.

Julio,
Los Ángeles, California

La vieja besucona

Salté de la emoción. Tantas veces había soñado con esa pregunta que ahora que la escuchaba a través del teléfono no podía contestar. Algo se me había atorado en la garganta.

—¿Te querés venir conmigo? —me volvió a preguntar.

—¡Claro que sí mamá! —le contesté.

A los catorce años no se entienden bien las luchas armadas, lo que para mi estaba claro era que mi vida corría peligro. El ejército se había llevado a varios de mis amigos y yo podía ser el siguiente. Lo difícil fue despedirme de mi abuelita, ella me había cuidado en ausencia de mi madre. Ella me había inculcado amor a El Salvador. Me había enseñado a tener fe en que las cosas iban a cambiar. —No podemos estar en guerra toda la vida —me decía.

Pero la guerra continuaba. Los bombardeos acababan con todo, con la escuela, con el hospital, con los caminos. La guerra parecía que iba a durar toda la vida.

Mi abuelita estaba en la cocina frente a la estufa cuando le di la noticia. Se volteó y fingió alegría —Niño, empezá a hacer las maletas pues.

❧ ❧ ❧

Tenía mis maletas listas y mi chompa puesta. Llevaba mi ropa, mis libros, algunas fotografías. Hice a un lado la cortina y una señora de pelo muy corto y pantalones jeans se bajó de una camioneta azul dando zancadas largas. Se asombró al verme en la puerta con mis maletas listas, —Vos estás loco. ¿Crees que vas de vacaciones? Dejá todo esto y ponte un pantalón arriba del que traes y otra camisa —la obedecí.

Mi abuelita salió a despedirse. La abracé llorando. Besé sus manos arrugadas y duras. Ella me miró. Me abrazó y reclamó en voz baja, —Andá dejá de llorar que la señora te está esperando.

Yo me arrodillé ante ella esperando la bendición: —En el nombre del Padre, del Hijo y del Espíritu Santo. Que Dios y la Virgen Santísima te lleven con bien m'ijito. —La abracé igual como lo hacía de chico. Era un abrazo desesperado lleno de miedo.

Ella me empujó con suavedad, —Mirá le das esto a tu mamá. —Era una bolsa de papel. Con dedos temblorosos me puso en la mano doscientos colones—. Vos te los gastas en el camino.

La camioneta se alejó y mi abuela se quedó de pie en medio del patio, como un árbol, erguido, macizo, con las raíces profundas en la tierra. Me arrepentí de no besarle los surcos de sus mejillas, de no haberle dicho una vez más que la quería tanto.

En el camino me asaltó la idea de que tal vez no la volvería a ver y no dejé de llorar hasta que un susto me ahuyentó las lágrimas. Habíamos llegado a la frontera con Guatemala. Teníamos que tomar otro autobús para seguir el viaje hasta México. Unos soldados nos recibieron. Uno de ellos me arrebató la bolsa de papel que me había dado mi abuela. Se decepcionó al ver que contenía un pedazo de queso. Lo tiró a la basura. Sin preguntarme, me registró los bolsillos de los pantalones, y me sacó el dinero que me había dado mi abuela. En ese momento no entendí nada. Me preguntaba cómo podía haber gente tan perversa, que humillara así a otras personas. Me tomó muchos años entender que ésos, como los otros soldados que dejé en mi país y los que encontré en México, eran también víctimas de un sistema corrupto. Esclavos ante sus amos, los jefes militares, y amos frente a la gente del pueblo. Los soldados sobreviven con miserables salarios y de su capacidad de robar depende su permanencia en el trabajo. El soldado, descubrí después, es un marginado social que vive a la sombra del jefe déspota. Es cómplice de fraudes y asesinatos. Es un ser que se autoelimina al obedecer ciegamente las órdenes de sus superiores.

En aquella ocasión los maldije por el ultraje. Por su cinismo. Por hablar de cosas triviales mientras me registraban y despojaban del poco dinero que llevaba. A la mujer y a mí nos dejaron ir. Un autobús nos estaba esperando para cruzar a México. Subí y me senté junto a la ventanilla. Al otro lado del pasillo iba sentada una mujer que no me quitaba la vista. La miré y me sonrió. Sus labios temblaban ligeramente. Sentí escalofrío.

Éramos como 25 personas las que nos embarcamos en un "crucero". Nunca supe el nombre de la ciudad de donde zarpó el barco. Todo lo que sabía después de casi tres días de viaje era que de ahí nos llevarían al puerto de Mazatlán, Sinaloa, y de ahí seguiríamos en autobús hasta Tijuana.

El barco era enorme. Se podía caminar en la cubierta. Yo me la pasaba mirando el mar. Quería ser el primero en divisar la ciudad. Era el segundo día del viaje, el sol estaba radiante. Pensaba en los Estados Unidos. En que iba a estar con Mamá, pero al mismo tiempo, me atormentaba la idea de no ver a mi abuelita. Una voz como de niña me sacó de mis pensamientos, —Vos ¿qué tanto mirás el mar? —Era la mujer que me había sonreído en el autobús. Tenía el pelo rojo y la boca grande. Un bigotito teñido le cubría el labio superior. Llevaba unos pantalones cortos arriba de la rodilla. Sus piernas bien formadas, flexionadas sobre la barandilla. Insinuante me preguntó—, Decime la señora que anda con vos, ¿es tu mamá?

—No. Es una amiga.

—Déjate de babosadas, esa vieja no es amiga de nadie.

Sentí una punzada en la espalda. Quise alejarme corriendo, pero seguía sin moverme. Ella se acercó más. Su mano muy blanca rozando la mía. —¿Sabés que eres un chico muy atractivo?

Empecé a sudar. La mujer que me recogió apareció de repente. —Dejá al chico. Andá búscate uno de tu edad.

La mujer se alejó enojada. —Disfruta este paseo porque después viene lo mero bueno —me dijo la recién llegada.

Transcurrió un día más de espera. La noche me encontró mirando el horizonte. Unas manos como tenazas que no supe de dónde surgieron me oprimían la cintura por detrás. Era la mujer del pelo rojo que me repetía: —No te movás que no pienso hacerte nada.

Las manos me empezaron a sudar y sentí la boca seca. Sus manos se movían buscando la hebilla de mi cinturón. Traté de librarme de ese abrazo. La mujer era más fuerte que yo. Una ola de calor me envolvió todo. La mujer pegaba su cuerpo al mío. Se movía en movimientos horizontales, sus manos hurgándome debajo de la hebilla.

Hice un esfuerzo para zafarme de ese abrazo y verla de frente. Cerró los ojos y me ofreció los labios. Vi aquel bigote con repugnancia. La hice a un lado y me alejé corriendo.

Muy temprano el faro de Mazatlán se divisó en el horizonte. Quería ser uno de los primeros en desembarcar. La mujer que nos guiaba desde El Salvador me detuvo: —Ponéte esta ropa antes de bajar. Tenés que parecer turista.

Con una camisa floreada, pantalones cortos y unas chancletas bajé de aquel gigantesco barco. Miré a los demás y difícilmente los reconocí. Los hombres traían pantalones cortos y camisas floreadas. Algunos se habían olvidado de quitarse los calcetines. Otros traían colgada del cuello una cámara fotográfica inservible. No pude mas que reír con el cuadro. El cansancio del largo viaje se ocultaba tras las gafas oscuras que nos habían dado a todos.

Ese día descansamos del viaje para salir a la mañana siguiente. La mujer del bigote aprovechaba cualquier pretexto para acercarse. Fingía no darme cuenta de sus insinua-
ciones y en más de una ocasión la vi por el rabillo del ojo,
lanzándome besos. Mantuve mi distancia.

El viaje por carretera a Tijuana duró cuatro días. Nos llevaron a una casa donde nos quitaron todo lo que nos habían
prestado y parte de nuestras pertenencias. Fue el segundo
despojo. Era una casa grande, sucia como subida en una tari-
ma. Los pisos se escuchaban huecos. En uno de los cuartos
había una montaña de cosas: ropa, maletas. Todo lo que se
han robado, pensé.

Nos levantaron muy temprano y de esa casa salimos a
caminar, seguimos caminando y no paramos hasta día y
medio después. Me di cuenta que ya no venía la mujer que
me había recogido de El Salvador. El que nos guiaba era un
hombre menudo, hablaba muy poco. En la madrugada, en un
empinado que parecía haber sido un lago nos ordenó descansar. Era una noche sin luna, los árboles como esqueletos
abundaban a nuestro alrededor. Estaba exhausto y las piernas
se me habían puesto tiesas. De la hojarasca salían ruidos
—Tengan cuidado porque aquí hay culebras y ratones. —Las
culebras me daban pánico, a cada ruido saltaba del susto.

El cansancio me obligó a recostarme. Un crujir de hojas
me hizo incorporarme. Lo sentí como un oso que ha caído
sobre su presa, dispuesto a devorarlo, a no dejar nada. El pánico me inmovilizó. No sabía qué era aquello. Me tomó unos
instantes darme cuenta que lo que me había caído encima era
la mujer del bigote. Trataba de besarme. Yo me cubría la boca
con la mano y ella forcejeaba tratando de inmovilizarme.

En ese momento me olvidé de las culebras y de los
ratones. No sé de dónde saqué fuerzas para hacerla a un
lado. Me paré y corrí con tan mala fortuna que caí en un
hoyo. Creí que me había quebrado la pierna. Como pude salí
sin pedir ayuda. Me senté un rato, la caminata se reanudó

antes del amanecer.

Arrastraba la pierna. El dolor era tan grande que pensé que iba a desmayarme, pero el miedo a la mujer que me seguía de cerca me mantenía avanzando. Un chorro como de agua caliente me escurría del pantalón. Brevemente me revisé. Era sangre. No me importó. Seguí caminando al mismo trote del coyote. Paso que daba él, paso que daba yo. Llegamos a un puente donde una pick-up con campera nos estaba esperando. Era pequeño, cupimos diez personas. Unas encima de las otras. Viajamos así como dos horas. La pick-up se detuvo.

—Bájense, ya están en Estados Unidos —nos dijeron.

Otro carro nos llevó a otra casa. Allí nos dejaron una noche. Me acomodé en el sofá, me quité los calcetines y me quedé dormido.

Al abrir los ojos vi que mi madre, espantada, examinaba mis pies cortados. Tenía la rodilla hinchada y la sangre hecha coágulos en toda la pierna. Lloró al verme en ese estado. Yo la abracé emocionado. Quise levantarme pero no pude. Me llevaron al hospital donde me curaron y me dieron muchas puntadas.

A la mujer besucona nunca la volví a ver. Pasó una semana y mi madre me envió por primera vez a la escuela. Yo estaba entusiasmado con la experiencia de asistir a una escuela. La única referencia que tenía de las escuelas era de la televisión. Las aulas amplias, espaciosas. Los verdes jardines. Los salones ordenados. Todos los recursos al alcance de la mano para que triunfe el alumno. Esa noche dormí bien pensando en la vida escolar que me esperaba al siguiente día.

Manuel,
Los Ángeles, California

Arrojó la lombriz del susto

Llegó la Migra y todas en la fábrica corrimos en distintas direcciones. A mi amiga se le ocurrió esconderse arriba de la taza del baño. Se puso en posición de águila, pendiente de cualquier ruido. Fueron tantas las horas que duró en esa posición que arrojó una lombriz. Cuando la encontraron, estaba temblando y necesitó ayuda para bajarse de lo entumida que estaba. Si no fuera por lo trágico de la situación, nos hubiéramos reído a carcajadas. Tantos remedios que se tomó para las comezones y para las lombrices, y resultó que la Migra y un susto fueron lo más efectivo.

A mí me agarraron primero que a ella. Mi cadera resultó más ancha que los rollos de organza que utilicé como refugio. Alguien gritó que llamaran a la televisión y al periódico. La redada fue un éxito para la Migra. No llegaron las cámaras y la noticia salió escueta: "Redada en fábrica de costura". Nadie reportó de nuestro miedo, ni describieron la humillación de ser tratadas como delincuentes. Nos llevaron en un camión con ventanas enrejadas. No podía creer que esa misma mañana había recorrido esas calles como una mujer libre y ahora me llevaban prisionera.

El trayecto fue corto. Nos llevaron a un centro de detención y ahí duramos casi todo el día. La inmovilidad empezó a hacer estragos en mi cuerpo. Mis articulaciones empezaban a ponerse rígidas. Eso me pasaba cuando me quedaba sentada mucho tiempo. Era resultado de la artritis reumatoide que llegó para quedarse en mi cuerpo de quince años. Desde entonces, el ritual matutino era el mismo, tenía que despertar una hora antes de levantarme y empezar a mover los engranajes de mi cuerpo. Primero los dedos, uno por uno, luego las rodillas, flexionándolas hacia arriba, seguía la cadera, como si me estuviera levantando, después moverla a la izquierda, acomodarla a la derecha, seguía con las muñecas y terminaba con las articulaciones de los dedos. Me sentaba en la cama despacio, como un robot que acababa de ser activado. Lo que para las demás personas era un movimiento automático y natural, para mí era un proceso de estimular tendones y ligamentos antes de poner un pie fuera de la cama.

Un hombre alto y desabrido apareció en el cuarto donde nos tenían detenidos con una charola de sándwiches duros. Pensé en echarlo a la basura, pero terminé comiéndomelo.

La noche era tibia sin estrellas. Nos subieron a todos al mismo autobús de rejas en las ventanas. En lugar de tomar el *freeway* 5 para Tijuana, el chofer tomó el 10 rumbo a Mexicali. Habían transcurrido dos horas de camino, nos acercábamos a Indio cuando un remolino de arena le nubló la vista al chofer. Era como si se hubiera adherido a la defensa del autobús. No se veía nada. Me asomé por la ventana y empecé a ver muchos carros volteados a la orilla del camino. Grité con todas mis fuerzas: —*¡Stop!*

El chofer frenó bruscamente. Muchos se fueron hacia adelante por el impacto. El chofer se bajo de prisa, había divisado algo. A unos centímetros de distancia, se encontraba un trailer parado, con las luces apagadas, de no haber frenado, muchos, si no todos, habríamos muerto.

Sentí que volví a nacer. El dolor de mis articulaciones había desaparecido, me sentí con energía para caminar y así lo hice dentro del autobús. El haber evitado una catástrofe, me daba ese privilegio. Me volví a sentar al ver a una jovencita que lloraba desconsoladamente. Tendría como catorce años. Traté de animarla, le prometí que no la iba a dejar sola, que me la llevaría a Tijuana.

Sin agradecerme por haberle salvado la vida, el chofer

del autobús nos señaló una puertita angosta. Era la salida a Mexicali. Al cruzar estábamos oficialmente deportados.

Unos oficiales mexicanos fueron a nuestro encuentro. Por fin, pensé, alguien que nos da la bienvenida. La acogida fue para investigarnos, sin rastro de urbanidad, los agentes mexicanos nos guiaron a una puerta donde teníamos que hacer cola para ser interrogados. La parsimonia del que interrogaba era dolorosa. Yo me atreví a reclamar: —¿Por qué nos tratan así? —Como castigo me dejó al último.

Por fin, después de muchas preguntas y convencerlos que era de nacionalidad mexicana, residente en Tijuana, Baja California, de profesión cultora de belleza, me dejaron ir. No podía entender cómo los agentes mexicanos eran peor que los de Estados Unidos.

La jovencita de catorce años decidió seguirme con la promesa de comunicarme con sus papás. Eran cerca de las doce. Caminamos unas cuadras en busca de la terminal de autobuses y nos encontramos en la puerta de una iglesia. Había mucha gente. Entramos. Estaban velando al Santísimo, era Sábado de Gloria, faltaban pocos minutos para el domingo de Resurrección. Nos persignamos y dimos gracias por haber llegado con bien.

Esa misma noche salimos rumbo a Tijuana. La luna alumbraba La Rumorosa. El frío me entumía el cuerpo. A la jovencita la cubrí con mi suéter. Prometí no regresar a Estados Unidos. Tenía mi profesión: cultora de belleza. Regresaría al salón de belleza de donde me sacó mi hermano para ganar muchos dólares. Ya no quería la incertidumbre de que me agarrara la Migra. Ni más envidias de compañeras por arreglarle el pelo y las uñas a la mayordoma. En Tijuana ganaría poco pero sería feliz.

Al siguiente día llegamos a mi ciudad. La intención de quedarme duró una semana, mi hermano me ayudó a pasar de nuevo.

Rosa María,
Bell, California

¡Bájeme, o lo agarro a cachetadas!

Cuando llegué a Tijuana me dio tanto miedo que quise regresarme a mi México querido, pero mis hijos no me dejaron. Me presentaron con un coyote. —Éste te va a pasar al otro lado.

Yo traía a una sobrina que era señorita. Nos lanzamos a la aventura por la noche. Cuando se trató de pasar la barda que nos han puesto los gringos, el coyote me dijo. —Ándele, la voy a subir a la barda para que pase al otro lado. —Me dejó colgada. Me gritaba: —¡Ándele señora pásese para el otro lado!

Yo le decía, —¡No puedo! —y por más que hacía el intento no podía y sentía que los brazos se me desgarraban y le gritaba al señor—: ¡Bájeme, porque me voy a enojar! —El señor no me hizo caso hasta que le dije—: ¡Si no me baja, lo voy a cachetear! —entonces me bajó bien enojado.

—Bueno, si usted no se puede pasar, entonces que lo haga su sobrina —me dijo.

Yo le contesté: —Si yo no puedo pasar, tampoco mi sobrina pasa.

—Bueno, ni modo, van a caminar un gran trecho. —Contestó enojado y nos llevó a otro lugar por donde sí se podía pasar caminando.

En el camino oímos un chiflido y le dije a mi sobrina, —¿Oíste eso?

112

—Sí, ha de ser la Migra.

—No. No es la Migra —le contesté— ésa si nos ve, nos agarra. No nos va a chiflar.

Con mucho miedo, y una larga caminata, pasamos. De ahí para el real, empezamos a correr. Bajábamos y subíamos en lo oscuro. Como yo no podía correr igual que mi sobrina, me quedaba atrás. Llevaba miedo de que fuera a pisar algún animal ponzoñoso o que nos agarrara la Migra. Fue una tensión tan fuerte que sólo las personas que lo pasamos lo podemos comprender. Por fin llegamos corriendo hasta una ladera muy empinada. Ahí se me quedó atorado el pantalón en un tronco. Lo jalé y, con los jalones, el tronco se desprendió y me fui rodando junto con él sin poder detenerme. Caí boca abajo toda golpeada, con un pie torcido. Casi no podía caminar, pero con la ayuda de mi sobrina me pude parar. Con muchos trabajos seguí caminando. El coyote a cada rato nos decía: —Apúrense, corran, tírense al piso. —Esa fue la rutina de nuestra descabellada aventura.

Al fin llegamos a un lugar en donde había varios hombres. Nos robaron lo poco que traíamos e intentaron violar a mi sobrina. Gracias a la gente que venía con nosotros pudimos defendernos. Nos asustamos mucho. Ya no podía caminar. El pie lo traía muy hinchado pero tuve que seguir. El coyote seguía gritándome: —¡Apúrese señora!

Yo le contestaba, que no podía pero él insistía: —¡No tiene nada. Camine. Camine!

Había partes en donde escuchábamos los ruidos de los carros. Cuando veíamos luces de los helicópteros, nos tirábamos al piso y tragábamos tierra. Llegó un momento en que nos quedamos sin agua, sin nada que comer. Los hombres nos habían quitado todo. Traíamos la boca seca. Seguimos corriendo hasta que llegamos a un lugar donde pensamos que estábamos a salvo pero descubrimos que estábamos rodeados por la Migra. Nos arrestaron y nos regresaron por Tijuana.

No teníamos nada, ni dinero, ni a quién recurrir, ni qué comer. Mi sobrina y yo caminamos y nos refugiamos debajo de un arbolito. Allí nos abrazamos y nos pusimos a llorar nuestras desventuras. De repente se nos presentó el mismo coyote, —No se preocupen, vamos a volver a intentar la pasada esta misma noche, —nos dijo.

—Yo no cruzo por nada del mundo —le contesté, pero al recordar a mis hijos cambié de idea. El amor a mis hijos era más grande que mis aflicciones y esto me dio el valor para tratar de nuevo.

Volvimos a intentarlo y nos volvió a agarrar la Migra. Esta vez nos tuvieron detenidos casi cuatro días. Nos soltaron con la advertencia de que si volvíamos a pasar, nos iban a encarcelar por mucho tiempo. Lo pensamos mucho. Por fin nos decidimos. Lo íbamos a intentar una última vez. Esta vez no estábamos dispuestas a que nos agarraran, nos la íbamos a rifar, estábamos dispuestas a dar el todo por el todo. Tomamos más precauciones: cuando escuchábamos carros, nos escondíamos entre piedras y lodo. Así duramos dos noches y un día. Sin comer, sin tomar agua y, lo que es peor, a mí me picó un animal, no supimos qué fue. Me sentía muy mal. Empecé a arrojar espuma por la boca. El cuerpo se me empezó a entumir. Lo último que recuerdo es que me subieron a un carro. Mi vida pasó frente a mí como una película. Vi a mi madre vestida de blanco en un ataúd, vi a su niño que sólo tenía un mes cuando ella murió. Las complicaciones del parto habían sido demasiado para su cuerpo frágil y mal alimentado. Mi madre había dejado a un niño recién nacido de apenas un mes y mis demás hermanos: uno de tres, otro de seis y a mí de cuatro. Éramos cinco niños al cuidado de mi padre. Él era un campesino que se vio de pronto con una rutina que incluía, además del trabajo en la milpa, correr a mediodía a su casa para dar de comer a sus hijos y regresar de nuevo al campo. Fatigado por el esfuerzo de un año, un día llegó con una señora: —Miren hijos. Esta señora que ven aquí va a ser mi mujer y segunda madre de ustedes. Desde este momento van a obedecerla y hacer todo lo que ella les diga y no quiero quejas de ninguno de ustedes. —Para entonces yo tenía cinco años y medio. Al poco tiempo, mi madrastra nos empezó a regañar y a golpearnos cruelmente y siempre nos tenía haciendo los quehaceres de la casa.

En el rancho en que vivíamos no había agua, así que la teníamos que acarrear de una barranca lejos de la casa y eso era cosa de todos los días. Como yo era la mayor de las mujeres, mi madrastra me asignaba los trabajos más pesados, como moler el nixtamal en el metate para la masa y hacer las tortillas tres veces al día. Le tenía mucho miedo porque cuando no terminaba, me quemaba las manos en el comal. Todos los días me levantaba a la una de la mañana y cuando amanecía, yo ya había terminado de moler y de hacer una olla de atole con grano de maíz crudo. También molía maíz en el metate y con eso hacía el atole y todo lo demás. Cuando ella se levantaba, ya estaba listo el almuerzo. En los ratos libres, mi madrastra me enviaba a la barranca a lavar la ropa de todos. Yo lo hacía sin protestar, porque si la acusaba con mi padre me iba peor. A todos nos tenía amenazados.

Lo peor fue cuando mi madrastra me quiso vender con un hombre. Me enteré escuchando una conversación. Ya había fijado la fecha con el hombre y la cantidad de dinero que recibiría por mí. Como no tenía con quién quejarme, lo único que se me ocurrió fue pensar en la muerte. Como en casa siempre había veneno para las ratas, agarré una porción. Estaba a punto de tomármela cuando llegó mi padre. Al ver el veneno, me lo arrebató de las manos y estuvo a punto de golpearme pero no lo hizo. Me obligó a decirle por qué quería envenenarme. Le dije la verdad, de los años de golpes y malos tratos. Le reclamó a mi madrastra y la corrió de la casa. Papá se portó muy cariñoso. A los muchos meses mi madrastra regresó y le pidió perdón. Él la volvió a aceptar y se reanudaron los golpes y malos tratos. Yo tenía ya ocho años. De vez en cuando nos mandaba a la escuela, para luego sacarnos porque mis hermanos tenían que trabajar en el campo y las mujeres en la casa. A mi hermanita, la más chica, la mandaban a dejar el almuerzo a Papá. Mis hermanitos y yo nunca supimos de jugar. No tuvimos infancia. Todo fue puro trabajo.

Por un mal entendido, un día agarraron preso a mi papá. El mismo día que se llevaron a mi papá, mi hermanito estaba comiendo cuando se le rompió la cuchara de peltre. La señora lo golpeó a tal grado que éste se fue de la casa. El niño apenas tenía siete años. Vivió en una barranca por ocho días. El mismo tiempo que duró mi papá en la cárcel. Cuando se aclararon las cosas, dejaron en libertad a mi papá y cuando se enteró de lo de mi hermano, le puso una buena golpiza a la mujer. Se pasó todo un día buscando a mi hermano. Ya era de noche cuando se encontró con un señor que había visto a un niño tirado sobre una piedra al fondo de la barranca. Lo encontraron casi desmayado. A raíz de eso, mi hermano nunca estuvo bien. Le temblaba todo el cuerpo. Casi no podía hablar. La gente decía que había agarrado los aires. Mi papá lo llevó con muchos curanderos, pero nunca quedó bien.

Mi hermanita, la más chica de todos, tal vez fue a la que le tocó lo peor. En tiempos de aguas se daban muchos zancudos en el rancho y cada mosquito que nos picaba era un grano que se nos hacía en las piernas y en los brazos. Yo me podía bañar sola, pero a mi hermanita la bañaba mi madrastra. Era tan cruel que le arrancaba las costras de los piquetes de los zancudos con un estropajo rasposo. Le escurría sangre por todos lados. La niña lloraba tan desgarradoramente que un día mi papá la oyó. Ese día le dio otra golpiza a mi madrastra. Pero ella no escarmentó siguió maltratándonos igual o tal vez peor que antes.

Una vez a mi hermano mayor le pegó y lo colgó de un árbol. Cuando lo soltó, mi hermano corrió para alejarse de ella. La señora le aventó un machete y lo alcanzó en un pie. Mi hermano se refugió en la casa de una tía y ahí lo curaron. Al paso del tiempo, mis hermanos ya no se dejaban, continuamente se agarraban a golpes con ella.

Es curioso como con el ruido de la sirena me veo el día en que un primo trató de violarme. Por suerte aparecieron unos trabajadores que venían del campo. Ellos me defendieron y me llevaron a la casa. El mismo primo siguió acechándome. La ambulancia se detiene pero no veo la cara de los paramédicos, quien me ve es un tío, único hermano de mi mamá a quien le suplico que me lleve con él a su casa en Cuernavaca.

También veo la cara de mi primer novio, la escena cuando me pidió en matrimonio. El enojo de mi padre al enterarse. La familia de mi novio era muy rica y tenían la fama de ser matones. Mi padre se oponía a la boda y cada vez que me iban a pedir, mi padre se escondía y nunca lo encontraban. Fue entonces que el papá de mi novio habló conmigo. Me pidió que huyera con su hijo. Yo le dije que no podía hacer eso porque mi padre nos mataría a los dos.

Al poco tiempo la mamá de mi novio se puso muy grave y en su lecho de muerte me mandó llamar. Me hizo jurar que me casaría con su hijo. Ese día acepté casarme con él. El equipo de novia llegó de México. Ya estaban escogidos los animales que se matarían para la fiesta que duraría de cuatro a ocho días, como era costumbre en ese pueblo. Se habían escogido reses, puercos, guajolotes y gallinas.

Para poder casarme, tenía que huir primero de mi casa.

Se fijó la fecha. El día en que debía huir, mi padre se enteró por mi tío de los planes. Por la noche llegó mi novio con un ejército de hombres a caballo armados hasta los dientes. Lo que él no sabía es que mi padre había tenido tiempo de rodear la casa con hombres armados para impedir que me fugara.

Llegó el momento de salir y permanecí adentro. Empezaron a transcurrir las horas, el relinchar de los caballos se escuchaba afuera. Mi novio empezó a impacientarse. Su padre se adelantó a averiguar lo que pasaba. Antes de llegar a la puerta se detuvo en un árbol y ahí le picó un alacrán. Mi novio lo llevó de emergencia a que lo viera el doctor del pueblo.

Al otro día, mi novio llegó a verme muy enojado, diciéndome que si no me iba con él por la buena, me llevaría por las malas. Me dio miedo. Todo se había complicado. Por un lado, las amenazas de mi padre que prefería matar a mi novio antes de verme casada con él. Por otro lado, las amenazas de mi novio de llevarme a la fuerza. No sabía qué hacer. No quería ver lastimados a ninguno de los dos. Quería mucho a mi novio, pero también quería a mi papá. Por ningún motivo iba a dejar que lo lastimaran por mi culpa. Así que decidí dejar a mi novio para siempre. Le pedí a mi papá que me llevara otra vez a Cuernavaca. Esa noche cayó, como del cielo, una tía que vivía en México. Le pedí a mi padre que me dejara regresar con ella. Aceptó, advirtiéndome que sería sólo por un corto tiempo. Salimos por la noche a escondidas. Ya en México, sufrí mucho por mi novio. Lloraba por las noche en silencio. Con la distancia, me di cuenta que lo quería más que a mi vida, pero me aguanté. En esa época apareció otro muchacho en mi vida. Me casé con él y tuvimos tres hijos, dos hombres y una niña. Éramos felices hasta que un día se le metió la loquera de viajar a los Estados Unidos. Hice lo imposible para sacarle esa idea de la cabeza. Todo fue inútil. Me dejó sola con mis hijos. Al principio me mandaba dinero pero de repente no supe más de él. Tuve que ponerme a trabajar para sacar adelante a mis hijos. Ya grandes mis hijos, decidieron buscarlo y lo encontraron casado con otra mujer. Me pidieron que me fuera con ellos a Estados Unidos. Al principio me negué. Pero el amor por ellos fue más grande que mis miedos y mis angustias. Nuevamente el terror de la Migra, las colinas, los barrancos y yo a punto de caer . . . abrí los ojos.

Había pasado inconsciente muchas horas perdida en el valle de mis recuerdos. Mirándome muy asustados, mis hijos y mi sobrina me acompañaban en el hospital. Esa misma tarde me dejaron salir. Mi sobrina me abrazaba llorando. Juntas habíamos desafiado todos los peligros y no estábamos dispuestas a que nadie nos volviera a sacar de Estados Unidos.

Iginia,
San Diego, California

Me vendió con el armenio

Me escondieron al final de la van, debajo de un asiento. Todos traían documentos, menos yo. Me dijeron que no hiciera ningún ruido. Pude escucharlo todo: la conversación con el agente de inmigración, la inspección en los asientos, el temblor en el cuerpo. El miedo me inmovilizó. Había tomado la decisión de cambiar el país de los atoles, de los tamales, de los chilaquiles, por el de los Taco Bell y las hamburguesas.

Salir de México era lo mejor. "En Estados Unidos se trabaja duro pero se gana mucho dinero". Tantas veces lo había escuchado que decidí arriesgarme. No tenía nada que perder, desde los dieciséis había dejado la casa de mis padres. Los gritos de mi madre llegaron a serme intolerables: —¡Pinche huevona, ¿a dónde vas que más valgas?! ¡Cabrona! ¡Te estoy hablando! . . . ¡Pendeja no sirves para nada! —Tantas veces me lo repitió mi madre que sus palabras se me grabaron en la memoria y hasta la fecha me acompañan, como si alguien me las hubiera tatuado en el cuerpo.

El agente no me descubrió y nos dieron el pase, imaginé la mano nerviosa del puertorriqueño metiendo el cambio. En la van también viajaba su hijo de seis años, otro niño y varios hombres. Yo era la única mujer.

Después de un largo trayecto, me sacaron de mi escondite. Esperaba ver un paisaje hostil, áspero, lleno de barrancos y precipicios. Fue todo lo contrario, había flores y vegetación por todas partes. A un lado del camino había una hilera de casas con enormes ventanas, fachadas todas iguales. Sin nadie que se asomara por las ventanas. Todo aquello era tan diferente a Tijuana, una ciudad desordenada, y más aún al Distrito Federal, una ciudad degradada, en la que todos teníamos algo de corruptos. Tampoco se parecía a Guadalajara donde llegué sin dinero y sin conocer a nadie. Guadalajara es una ciudad de plazuelas y de jardines, pero en la que la gente se preocupa más por el bienestar de los santos inertes dentro de la iglesia, que por los vivos que afuera de la iglesia suplican una limosna para mitigar el hambre.

El puertorriqueño era un hombre como de cincuenta años. Era novio de una amiga en Tijuana. —Es tu oportunidad, mi novio va a cruzar gente esta tarde, aviéntate, —me aconsejó mi amiga. A ella le había dicho que era padre soltero. Me explicó que debía quedarme en su casa un tiempo, mientras encontraba trabajo. Yo acepté. No tenía a donde irme.

Su casa estaba en un lugar apartado. Los muebles eran viejos y tenía cuartos vacíos. A los pocos días me di cuenta que era una casa de coyotes. Ahí llegaban carros con gente a diario. Yo los atendía, me di cuenta que me había convertido en la sirvienta. No protesté porque sentí que era la forma de pagarle la pasada.

Todo cambió una noche cuando sentí las manos frías del puertorriqueño escudriñarme entre las piernas. Mi recámara era un colchón tirado en el piso.

—No te hagas la santa que tú también quieles cogel.

El corazón empezó a bombearme en las sienes. Traté de librarme de aquel abrazo que me contaminaba. Forcejeamos, un sudor frío me recorría la espalda. Montado sobre mí restregaba su pene flácido abajo de la cadera. El corazón me iba a estallar en las sienes. No sé de dónde saqué las fuerzas, pero me levanté y lo empujé hacia la pared. El puer torriqueño cayó de lado y rugió como un animal. Traté de escapar pero resbalé antes de llegar a la puerta. Me incorporé de nuevo. Él ya estaba frente a mí. Nos miramos como dos fieras dispuestas a arañarnos, a mordernos, a hacernos pedazos. De un momento a otro me pareció más bajo de estatura, los pies como garras firmes sobre el piso. La respiración agitada, el estómago abultado cubierto de vello. Me miró con sus ojos saltones, la sonrisa obscena. En ese momento, se escuchó el ruido de una sirena. Volteé hacia la ventana. Aproveché ese momento para salir del cuarto. La puerta estaba sin cerradura. Corrí para afuera pero la puerta principal estaba con llave. Él me trató de alcanzar, grité pero nadie acudió a mi auxilio. Me di cuenta, con horror, que todos se habían ido durante la noche. La casa estaba vacía. Entré a un cuarto donde había un sillón en medio. Ahí me correteó sin poder alcanzarme. Era un juego peligroso de animal hacia su presa. No pudo alcanzarme. Fatigado se desplomó en el sillón. —Lálgate pues.

Salí corriendo y no volví a entrar a la casa hasta que llegó un carro. Era un gringo como de cincuenta y cinco años. Se llamaba Mr. Green. El puertorriqueño salió y me ordenó que entrara. Me dijo que al siguiente día me iría con Mr. Green, que ya no me quería en su casa. Yo recogí el miedo que tenía y dos trapos que eran todo mi guardarropa. Esa noche fue de insomnio y zozobra. Cuando Mr. Green se levantó yo ya estaba esperándolo cerca de la puerta. Me subí a su carro sin saber a dónde me llevaba. La mañana despejada y soleada me puso optimista. En el camino, me enteré que Mr. Green también era coyote. Hablaba poco español. Por él supe que la ciudad donde había vivido se llamaba Chula Vista.

Mr. Green era un hombre alto, encorvado. Tenía los ojos muy azules. El pelo casi blanco. Me dijo que íbamos a Santa Ana. Transcurrió una hora de camino y me espanté cuando se estacionó frente a un motel. A un lado del motel había dos palmas llenas de dátiles y el olor era a tierra mojada. Pasaron unos minutos, mi optimismo no decaía. Seguro que iba a rentar cuartos separados. Mr. Green también tenía sueño, en el camino observé su rostro somnoliento. Regresó con una llave en la mano. Me guió hasta un cuarto y me espanté cuando entró al cuarto conmigo. Enseguida me tranquilizó.

—You no querer nada tuyo. Tu dorrmirr. Yo acostarme en el suelo. You cuidarte.

Me acosté vestida en la cama y él se acostó en el suelo. Tenía mucho miedo, luché por no quedarme dormida, pero el cansancio y el insomnio de la noche anterior me vencieron. A la mañana siguiente desperté y vi a Mr. Green profundamente dormido. A diferencia del puertorriqueño, el gringo había resultado un caballero, o al menos, así lo creía.

Estaba lista para continuar el viaje cuando Mr. Green me llevó a presentar con el dueño del hotel. Era un armenio de piel morena, sin arrugas. Me miró de arriba abajo. Los dos se alejaron unos pasos. La respiración se me cortó de repente. Estaban haciendo negocio conmigo. Mr. Green me estaba vendiendo al armenio. No entendía los detalles, pero entendía lo suficiente para darme cuenta de la situación. La situación me turbaba. Quería huir. Nunca me había sentido como un animal que se vende, que se canjea y se abandona.

Mr. Green me dejó con el armenio y nunca lo volví a ver. Yo me quedé sin saber qué iba hacer conmigo. Ese mismo día me llevó a su casa en la misma ciudad. Él se llamaba Mike. Su casa resultó una gran mansión. Me presentó a la esposa, a sus hijas y a su único hijo. Al poco tiempo supe los detalles de la operación: Mr. Green me había vendido con el armenio a perpetuidad y mi recompensa sería 50 dólares a la semana sin derecho a día de descanso.

La primera semana me di cuenta que nunca vería un dólar de los cincuenta que me había prometido porque Mr.

Mike me avisó que había abierto una cuenta de ahorros a nombre de los dos y que allí depositaría mi dinero cada semana. Llegué a sentir que realmente era una esclava que no merecía más. Mi madre me lo había dicho tantas veces. —¡Huevona. No sirves para nada! ¡Pinche pendeja fíjate lo que haces! —Ése fue el trato que recibí desde que tenía uso de razón. Con el tiempo comprendí que mi madre nos maltrataba verbalmente a mí y a mis hermanos como una manera de desahogarse por los malos tratos que recibía de mi padre alcohólico.

Transcurrieron muchos meses y yo seguía con mis tareas de cocinar, planchar, lavar los baños, limpiar los muebles y atender a las hijas de Mr. Mike. Algo empezó a incomodarse dentro de mí. Un vestigio de dignidad y de rabia empezó a crecer hasta que empecé a protestar y a discutir con la hijas de Mr. Mike que me trataban como una verdadera esclava. Un día me le enfrenté y le dije que me diera mi dinero, que me quería ir. Aceptó. Esa misma tarde me llevó al banco. Yo me quedé en el carro segura de que me entregaría un poco más de mil dólares. Con el rabillo del ojo lo vi contar el dinero. Entró al carro y me lo dio. Eran cien dólares, todos en billetes de diez. Yo me enojé mucho. Le escupí la cara y le aventé el dinero, pálido me explicó que lo demás era a cuenta de lo que había pagado por mí a Mr. Green. Me bajé del carro maldiciéndolo. No intentó seguirme.

Caminé por las calles en el centro de Santa Ana. Era la primera vez que salía de la casa de Mr. Mike. No sabía a dónde ir, no conocía a nadie. Las sirenas de las patrullas me provocaban sobresaltos, pensaba que me podían detener. Las hacía con la misma autoridad que la Migra. No me atreví a pedirle dinero a nadie. Tenía hambre y me había alejado mucho del centro. Había caminado durante horas. Regresé y me senté en una banca, cerca de la parada de un autobús. No quería despertar sospechas. A medida que caía la tarde y entraba la noche, frente a mis ojos, la ciudad se transformaba. Los carros de lujo dejaron de circular. Las personas con portafolio y bien vestidas desaparecieron junto con las empleadas con bolsas de plástico en la mano y de paso firme.

Como salidos del vapor de las alcantarillas, empezaron a surgir vagabundos, prostitutas y pordioseros. Tenía otra ciudad enfrente. Me recordó a un barrio del Distrito Federal. Las luces de neón, los ruidos de los tacones de las prostitutas cruzando la esquina, la conversación de dos borrachos en la esquina. Todo se iba dando a medida que avanzaba la noche. Nadie me miraba, era como si yo fuera invisible o mi tamaño fuera tan diminuto que nadie lo notaba. Sentía un dolor en la boca del estómago.

Un auto se estacionó en la banqueta frente a mí, de la ventanilla salió un rostro conocido. Me alegré al verlo. Era la esposa de Mr. Mike que me andaba buscando. Me llevó de nuevo a su casa. De esclava había ascendido a sirvienta. Transcurrió otro año y seguramente me hubiera quedado mucho más si no es por que Mr. Mike quiso propasarse conmigo. Yo estaba limpiando el baño cuando él entró y, sin cerrar la puerta, con la mayor naturalidad, se bajó el pantalón y empezó a orinar enfrente de mí. Iba a salir cuando me jaló del brazo, trató de guiarme la mano hacia su pene erecto. Me espanté y salí corriendo. Nunca más regresé.

En mi búsqueda de trabajo encontré a una familia mexicana. Me contrataron para cuidar de sus niños. Transcurrieron otros dos años.

Una mañana amanecí con enormes deseos de ver a mi familia. Habían transcurrido cuatro años. No les había escrito. Muy bien podían pensar que había muerto. Tenía la oculta esperanza de que mi madre me recibiera bien. Junté para el pasaje y decidí regresar al Distrito Federal.

—¿Y tú donde chingados te habías metido? —fue lo que

me dijo mi madre como bienvenida.

Quería abrazarla. Contarle lo que me había pasado con Mr. Mike, con Mr. Green. No había cambiado. Era la misma mujer majadera que había dejado. Transcurrieron dos semanas. Encontré la ciudad más deshumanizada. Envilecida. Las calles caóticas. Me había acostumbrado al orden de los Estados Unidos. Decidí regresarme. Dejé lo poco que llevaba y llené mi mochila de dulces que compré en el mercado: dulces de calabaza, pipitorias, jamoncillos, camotes y mazapanes. Ése sería mi alimento y mi equipaje.

Llegué a Tijuana, dispuesta a cruzarme sola, sin ayuda de ningún coyote. Explorando el borde, conocí a un muchacho salvadoreño.

—Mirá vos, yo conozco el camino, si quieres podemos cruzar juntos —acepté el trato.

El primer tropiezo lo tuvimos antes de cruzar. Dos policías nos arrestaron. Acusaban a mi acompañante de haberme robado y a mí me decían que era colombiana. No podía creer que en mi propio país me estuviera pasando eso. Nos dimos cuenta que querían dinero. Les dimos el dinero y nos dejaron libres. Escogimos un lugar para cruzar. Era cuestión de esperar a que se fuera la vigilancia. Improvisamos un refugio junto a unas tablas. El cielo empezó a llenarse de nubarrones. Se dejó caer un aguacero. Vimos con júbilo que se retiraba la vigilancia. Brincamos el cerco y corrimos. El lodo nos dificultaba el avance. La lluvia se prolongó durante horas, las mismas que seguimos caminando. No paramos hasta llegar a una estación de tren. Ahí nos dieron las dos de la tarde. Tomamos el tren a San Diego. Nos bajamos y nos dimos cuenta que se nos había acabado el dinero y todavía faltaba mucho para Los Ángeles. Mi acompañante decidió que debíamos volver a caminar saliendo por las pulgas, cerca de la salida del *freeway* rumbo a San Onofre. El aguacero regresó. El frío empezó a colarse por la

nariz, por la boca, nos entraba por todos los poros del cuerpo. Habíamos caminado como 18 millas. La ropa empapada nos hacía más difíciles los movimientos. Cruzábamos debajo de un puente cuando el muchacho salvadoreño se desplomó. Pensé que se había resbalado con el lodo. Me acerqué y vi su cara muy pálida, contrastaba con su bigote oscuro. Temblaba. Me dijo que lo dejara ahí, que tenía mucho frío, que le dolía una rodilla. Lo abracé y le froté el pecho. Saqué los dulces que venía cargando desde México. Empezamos a comerlos. Recuerdo bien lo que le dije:
—¿Te vas a rajar? Los hombres no se rajan.

Me miró con sus ojos profundos, tristes. —Mirá. Yo no puedo más. Seguí vos.

—¿Qué no eres hombre? —le grité enojada.

Me volvió a mirar —Vamos pues. —Se levantó con dificultad. Yo miraba que realmente no podía caminar más. Yo lo animaba a que me platicara de su tierra. Él avanzaba en silencio. Ninguno sabía si ya habíamos pasado San Clemente. Divisamos un lugar donde se veían dos bolas, como los senos de una mujer— ¡San Onofre! —dijo él entusiasmado.

Nos acercamos al lugar y le preguntamos al guardia que estaba de servicio si ya habíamos pasado San Clemente. Sin respondernos, nos miró con desprecio y se alejó de prisa. En unos minutos los de la Migra nos tenían rodeados.

—¡Corré, escondéte! —me gritó y se quedó parado.

Yo me oculté en uno de los postes. Mi acompañante no se movió. Lo vi a corta distancia. Se veía muy mal. No dejaba de toser. Yo me encomendaba a todos los santos para que no me vieran. No aceptaba ser arrestada después de todo lo que habíamos caminado. El esfuerzo iba a terminar en desperdicio.

Tres patrullas lo rodearon. Dócilmente se dejó conducir. Yo tenía que tomar una decisión. Quedarme ahí hasta que se fueran o entregarme y acompañarlo. Me decidí por lo segundo. Nos llevaron a San Clemente. Ahí dormimos hasta el día siguiente. Un autobús nos recogió junto con otros detenidos, el chofer no paraba de insultarnos. Al subir al autobús se me cayó el suéter, antes de poder recogerlo, ya me lo había pisoteado como diez veces. Me sentí tan humillada que con mucha rabia lo insulté al recoger mi suéter. La reacción fue una amenaza. Mi decepción creció cuando las demás personas se rieron con el incidente. Como si hubiera sido un sketch cómico para alegrarlos. Nos sacaron a todos por Tijuana. Perdí al muchacho salvadoreño. Traté de sacar un permiso, pero eso fue como soñar despierta. Me lo negaron. Decidí cruzar sin la ayuda de nadie.

Con la experiencia de la primera vez, me fue más fácil llegar a San Diego. No traía dinero y tenía hambre. Esta vez me atreví a pedir dinero. Junté lo suficiente para comprar un boleto. Me armé de valor para comprar pasaje hasta Los Ángeles. Me subí al tren. Me senté junto a un muchacho que me dio la impresión de ser también indocumentado. Nos miramos brevemente. No me moví de mi asiento.

El tiempo transcurrió muy despacio. En una parada se subió un agente de inmigración. Uno a uno fue preguntando por documentos. Cuando lo tuve frente a mí, había reunido el valor que no tuve antes. El valor que me hizo falta para reclamarle a mi madre por sus insultos, el valor para reprocharle a mi padre su abandono, el valor para desenmascarar a Mr. Mike. Lo junté todo y lo usé para decirle, mirándolo a los ojos: —*American Citizen.*

El muchacho que iba a mi lado, hizo lo mismo. Llegamos a Los Ángeles al oscurecer.

María,
San Diego, California

A la muchacha de Nicaragua
se la llevó el río

No pasaba de los veinticinco años. Su belleza era tranquila, serena, un tanto altiva. Caminaba muy erguida y las manos las tenía muy bien cuidadas. No eran manos maltratadas de mujer que lava la ropa y hace el quehacer de toda una casa. Me llamó la atención su vestuario, un suéter rosa pálido descansando sobre su espalda, las mangas amarradas al cuello con un nudo frágil. Llevaba unos pantalones rosados y los zapatos eran negros con agujetas cafés. Era lo único discordante en su ropa. Iba con el grupo, pero al mismo tiempo iba sola. Ni una sola vez la escuché hablar. Miraba todo a su alrededor con ojos lejanos.

Ella venía de Nicaragua, yo de El Salvador. Ella huía de algo, yo de la guerra. Una guerra que arrasaba con todo, hasta con los volcanes. Para ella quedarse en Nicaragua debe haber sido algo feo; para mí, quedarme en El Salvador era seguir sepultando a los muertos.

Éramos muchos los que salimos de El Salvador a mediados de junio de 1979. Los bombardeos habían acabado con nuestros pueblos, Guazapa, Chalatenango, Morazán. En las masacres de Sumpul y el Mazoto habíamos quedado la mitad de nuestros familiares. La guerra es una cosa muy fea, se lo lleva todo, como un río cuando se desborda. Todo lo arrasa, todo lo aniquila. Así es la guerra. Uno tiene miedo de cruzar los caminos porque piensa que lo están esperando los soldados para desaparecerlo. Sin saber quiénes son ellos; sin ellos saber quién es uno. Muchos terminaron desaparecidos sin saber por qué los desaparecieron.

En Guatemala un retén del ejército nos detuvo. Nos bajaron a todos del bus. Ella los miró desafiante, su altivez se impuso. Emanaba autoridad. No le preguntaron nada. Todos subieron al autobús, menos yo. Ella me miró sin expresión en los ojos.

—¡Éste se queda! —dijo el guatemalteco. El terror me atropelló, pensé que me iban a desaparecer. Así era como desaparecían a los muchachos de El Salvador.

El motorista intervino: —O nos dejás pasar a todos, o de aquí no nos movemos.

El soldado lo miró un instante, me miró y miró a los demás. —Andáte —contestó malhumorado.

Ese mismo día, a las siete de la noche, llegamos a la frontera con México. Nos metieron a todos a un cuarto. El olor del cuarto era de excremento. Había manchas de orines por todas partes. Apenas cabíamos. La nicaragüense se fue a una esquina, cruzó los brazos y se acurrucó. El peinado se le había desbaratado. El pelo le llegaba abajo de los hombros. El calor era asfixiante. Los moscos revoloteaban por el cuarto, y del techo salían nubes de moscas zumbando por nuestras cabezas. Dos ratones salieron de algún rincón y huyeron desaforados por la puerta. Al verlos, dos mujeres gritaron.

—¡Ya! ¡Qué escándalo por unos ratoncitos! —protestó el coyote.

Entré al baño y el olor a inmundicia se me metió por la nariz hasta marearme. En ese cuarto nos tuvieron encerrados doce días, doce días de excremento retenido y de dolores intestinales. En esos días, la muchacha de Nicaragua se deterioró mucho. La altivez al caminar había desaparecido.

Se movía lenta, como si cargara un pesado bulto en la espalda. Su mirada había perdido su brillo y el pelo lo cargaba enmarañado. Una noche, al verla temblar, le ofrecí mi chompa y la aceptó. Pude ver su cara delgada. Había perdido mucho peso, abajo de sus ojos aparecieron dos círculos negros. Los pómulos se le habían hecho más prominentes. A su suéter le faltaban varios botones.

—¡Salgan todos! —El coyote dio la orden y salimos en silencio. Ocupamos nuestros asientos. La fatiga era evidente.

En el trayecto nos reanimamos. A la muchacha de Nicaragua le había vuelto el color, parecía que alguien le había pellizcado las mejillas. Fue la primera vez que me sonrió. Fue una sonrisa larga, de reconocimiento. Yo le sonreí también. Quise acercarme, pero no me atreví, me mantuve admirándola a la distancia. Ella observaba con atención el camino lleno de árboles y plantas. Nos acercábamos al río.

Bajamos del bus y el Coyote nos hizo caminar un buen trecho. —¡Todos vamos a cruzar el río y del otro lado vamos a caminar a Oaxaca para evitar a los federales! —La orden había sido dada. Yo tenía miedo de cruzarlo. En el Salvador, en tiempo de las lluvias, los ríos se desbordan y se lo llevaban todo, igual como las guerras, acaban con la milpa, el campo, los animales y dejan muchísimos muertos.

La busqué con la mirada. Me volvió a sonreír. La vi acercarse al lecho del río. Parecía no temerle a la corriente. Se ajustó las cintas de los zapatos. Sus pies pequeños se hundieron en el lodo, dejando una huella que la borró de inmediato el agua que se desbordaba del río.

El coyote miró preocupado la corriente. —Viene muy fuerte. Vamos a hacer una cadena. —Nos ordenó que nos tomáramos de las manos—. Por ningún motivo se vayan a soltar.

El sujetó la mano de una mujer y se internó en el río.

Avanzó unos pasos y la corriente lo levantó como si hubiera sido una gigantesca ola. Todos nos asustamos. Él gritaba:
—¡Avancen! ¡Avancen!

Temblando del susto nos sumergimos en el agua. Las manos nos temblaban. El agua estaba demasiado fría. La corriente venía muy fuerte, nos hacía perder el equilibro.
—¡No se suelten! ¡Avancemos!

El agua nos cubría hasta la cintura. La muchacha de Nicaragua venía casi al último. Me reproché no venir junto a ella. El coyote estaba a punto de llegar a la orilla. Muchos estábamos a la mitad del río y unos pocos cerca de la orilla. Seguimos empujando con todas nuestras fuerzas. La cadena humana se debilitaba cada momento. El coyote seguía gritando: —¡No se vayan a soltar. Ya mero llegamos!

De repente se soltó un viento. Un silbido agudo salió de entre los árboles. A medida que avanzábamos, el río se hacía más profundo. El agua empezó a llegarnos al cuello. Muchos gritaban que no sabían nadar.
—¡Nadie se suelte! —seguía gritando el coyote.

De pronto sentimos golpes por todo el cuerpo, el río venía con piedras y matorrales. La cadena se desbarató. La muchacha gritaba desesperada. La corriente era demasiado fuerte. Ella luchaba por asirse de los matorrales. Nos quedamos petrificados.
—¡Muévanse, o nos morimos todos! —nos gritó el coyote.

La muchacha seguía gritando, las manos agitadas peleando con la corriente. Todos vimos cómo desapareció. Todos logramos llegar a la orilla, menos la muchacha de Nicaragua. Nos quedamos un rato. Las mujeres lloraban. Los hombres caminamos por la orilla para ver si escuchábamos algo. El viento amainó. Después de un rato, lo único que encontramos fue su suéter rosa, flotando en el agua.

Esa noche lloré por la muchacha de Nicaragua. Acostado boca arriba, en medio de la milpa, me parecía ver su rostro en la estrella más luminosa. Esa noche soñé que la encontrábamos viva. La miré salir de entre los árboles, salía de la milpa, rodeada de luz, con su sonrisa melancólica. Yo le hablaba. Una sacudida en el hombro me despertó. —Deja de hablar tanto. No dejas dormir a los demás.

Caminamos tres días. Era de noche. Los pies hinchados se negaban a continuar. Nos llevaron a un terreno agreste. Por la mañana nos recogió un bus para llevarnos al Distrito Federal. Allí estuvimos como seis días antes de salir para Nogales. Éramos muchos. Nos acomodaron de cualquier modo en dos buses. El primer bus que salió fue sorprendido por la migra mexicana y a todos los regresaron. Yo corrí con mejor suerte. Nadie nos detuvo en el camino, llegamos a Nogales al amanecer. Nos hospedaron en un hotel de mala muerte y ahí nos tuvieron como tres días.

Llegó otro coyote y nos empezó a cruzar uno por uno. Al final quedamos dos hombres y tres mujeres. Nos cruzaron y nos hospedaron en un Motel 6. Rentaron un cuarto y allí nos tuvieron otros tres días. Esos tres días fueron de infierno porque se nos unieron otros dos coyotes. Mientras uno me vigilaba, los otros violaban a las muchachas. Eso lo hicieron varias veces. Pensé en la muchacha de Nicaragua. Tal vez fue mejor que se la llevara el río.

Cuando salimos, las muchachas parecían haber envejecido diez años. Caminaban lento, las piernas apretadas, la cabeza agachada. La mirada no era la misma. Volví a pensar en la muchacha de Nicaragua. Lloré gran parte del camino a Los Ángeles.

José Luis,
Huntington Park, California

Dios nos desapareció de la Migra

——¡Al suelo, ahí viene la Migra! —nos tiramos abajo de un árbol seco. Veníamos cuatro mujeres: dos de 16 y 19 años, una señora de 60 y yo de 24. Me imaginé esposada. No teníamos escapatoria. La Migra estaba a unos pasos de distancia. Había sido tan largo el viaje desde Tegucigalpa, Honduras, a Tijuana y luego el brinco a San Diego y ahora todo estaba a punto de terminar.

Transcurrieron unos instantes y empezamos a escuchar susurros. Al principio no entendí lo que era, venían de la señora más grande. Rezaba el Ave María. El coyote se enfureció. Le exigió que se callara. —Cállese nos va a delatar —le dijo apretando los dientes y levantando el puño al nivel de su rostro.

Ella tenía los ojos cerrados y seguía rezando: —Dios te salve María, llena eres de Gracia, el Señor es contigo y bendito el fruto de tu vientre Jesús . . .

El coyote se enfureció aún más porque las dos muchachas y yo empezamos a rezar también: —Santa María madre de Dios ruega por nosotros los pecadores ahora y en la hora . . .

—¡Cállense! ¡Cállense! —insistía el coyote.

—Dios te salve María, llena eres de gracia el Señor es contigo . . .

El trote del caballo se escuchaba cada vez más cerca. Vimos cómo el agente se bajó del caballo. Se acercó a nosotros y con la linterna iluminó nuestro escondite. Nos había descubierto. Se dio un silencio. Pasaron como dos minutos. No nos movimos. Inexplicablemente, el oficial se dio media vuelta y se alejó en su caballo. Era como si no hubiera visto nada.

—¡Es un milagro! ¡Dios nos desapareció de la Migra! —decía la señora.

Aquello fue una señal de que debíamos continuar. Caminamos por muchas horas. Empezamos a caminar en círculo. Al ver los mismos lugares, le preguntamos al coyote que si estaba perdido. Nos dijo que sí, pero que si lográbamos cruzar una laguna que teníamos cerca, iríamos bien.

Llegó la noche sin luna. Todo era oscuridad, con trabajos distinguíamos la laguna. Nos aseguró que no estaba honda, que a lo más nos daría a la cintura.

—Yo paso primero, usted se queda al final para que ayude a la señora gordita —le dije.

El coyote aceptó y empecé a caminar. A medida que caminaba, más me hundía, a la mitad me di cuenta que no era laguna, sino un pantano. El lodo me congelaba. Un paso más y me hundiría hasta el fondo. —¡Cuidado, es un pantano! —alcancé a gritar.

Como pude, salí a la superficie. Estaba desorientada, no sabía si regresarme o continuar. El pánico de morir me tenía inmovilizada. Decidí avanzar. Logré llegar a la otra orilla. Me arrastré hasta un árbol. Desde el otro lado, el coyote me dijo que cortara una rama larga para ayudarlos a cruzar. Así lo hice. No sé de dónde saqué fuerzas para irlos jalando de uno por uno. Cuando todos estuvimos a salvo, empecé a llorar incontrolablemente. Me di cuenta lo cerca que había estado de la muerte. Estábamos empapados de lodo y temblábamos de frío. Eran las cinco de la mañana, caminamos un rato y llegamos al lugar acordado. Un auto nos estaba esperando. Como enchiladas, nos acomodaron en la cajuela de un carro grande. Así llegamos a Los Ángeles.

Leyla,
Winneteka, California

Nos faltaron 1,400 quetzales

Cuando terminamos de contar el dinero nos dimos cuenta que faltaban 1,400 quetzales. No tuvimos miedo porque nosotros éramos inocentes. Pero en medio de una guerra civil, los inocentes se vuelven culpables. Aparecen los cadáveres en las esquinas de las calles. Los asesinos andan sueltos y nadie se atreve a señalarlos. Nosotros no íbamos a ser la excepción. Los familiares de las víctimas los reconocen, pero antes de enfrentarlos huyen a las montañas. Ser indígena en Guatemala es ser sospechoso de pertenecer a la guerrilla. Ni Juan ni yo éramos parte de ninguna guerrilla; éramos miembros de una cooperativa en la que había un faltante de 1,400 quetzales y no sabíamos quién había tomado ese dinero. El aviso nos llegó esa misma tarde.

—Mirá si no se van hoy mismo. Los van a matar. —Nos advertía un compañero.

—Vení y ¿tú cómo sabés?

—Ya contrataron a los pistoleros que van a asesinarlos, pues.

—¿Y a nosotros por qué vos?

—Porque sí, pues.

Yo quería llevarme a mi esposa. Esperábamos nuestro primer hijo. —Vete tú Pascual. Yo te voy a estorbar.

—Vení porque si te quedas te matan.

Juan arregló la salida de Guatemala. Fue muy duro dejar

esa tierra que era nuestra. Más en esa época en que los terratenientes se quedaban con todas las propiedades. La tristeza de mi mujer era muy grande. Yo veía como ella se despedía de todo con los ojos. Le decía adiós a las montañas, a los lagos, a la milpa, a las hierbas, a los bejucos, a Cuchumatán, a Uspantán, al Municipio de tres cruces. Caminamos mucho, tanto que no me acuerdo cuántos días fueron. En Oaxaca casi se me murió. Todo lo que comía, lo vomitaba. Ya no quería continuar. Prefería morir ahí. Yo la forzaba a tomarse un jugo al día. Con la ayuda de Juan, pudimos llegar en bus hasta México y de ahí a Chihuahua y de Chihuahua a Ciudad Juárez.

En Ciudad Juárez mi esposa se puso muy grave con el frío. La nieve, como una manta, cubría toda la ciudad. Decidí llevarla a un lugar más caliente. Con el poco dinero que me quedaba nos fuimos a Culiacán. Al llegar ahí, nos quedamos en un hotel y al siguiente día buscamos trabajo. Trabajo sí había, pero lo que no había era una casa o jacal dónde quedarnos. Tampoco había agua potable. La gente lavaba y se bañaba en los canales. Lo malo es que en los mismos canales se bañaban los puercos y esa misma agua la usaban para beberla. En Guatemala había guerra, crueldad, intolerancia, en México había miseria, enfermedades y pocas esperanzas.

—Fíjate que tu mujer está mala vale —me advertía Juan.

—Verdad. Pero tené en cuenta que aquí no podemos seguir.

—¿Querés que le sigamos pues a Estados Unidos?

En Guatemala nos iban a matar los pistoleros, aquí nos va a matar el hambre.

—Vámonos pues.

Llegamos a Mazatlán y de ahí nos fuimos a Tijuana. Encontramos un coyote frente a la catedral. Esa misma noche intentamos pasar por el rumbo de la Colonia Libertad.

El cruce sería por unos túneles. Mi esposa se veía cada vez más débil.

—Tenés que aguantar un poco más.

—Me siento muy mal Pascual.

La vi tan flaquita. Sus senos se le habían desaparecido. Nomás la barriga se le notaba cada vez más.

El coyote nos llevó a unos túneles: —Por aquí van a cruzar.

Para no perdernos, hizo que cada quien fuera agarrado del ruedo del pantalón de la otra persona, formando una cadena. A gatas empezamos a cruzar el túnel, a medida que avanzábamos sentimos que pisábamos algo. Eran personas acostadas y medio sentadas, no supimos si estaban vivas o muertas. El lugar era frío y oscuro. Por fin salimos al otro lado. Un carro nos estaba esperando y nos llevó a National City. Al llegar la tarde el coyote dijo: —Que se preparen las mujeres, ellas van primero. La Migra no se fija en ellas cuando pasan San Clemente. Los hombres pasan después.

Yo me levanté de donde estaba sentado y le dije al coyote:—¿Qué te has creído? ¿Qué nos quieres ver la cara? No, señor. Decíme de una vez si nos vas a pasar o no. Yo no voy a dejar sola a mi mujer en el estado en que se encuentra.

—Si no quieres separarte de tu mujer, ten paciencia, los voy a pasar juntos —me dijo bajando la voz.

Llegamos a Los Ángeles la tarde del 28 de enero de 1981. En diciembre de 1983, mi hijo ya estaba crecidito. Yo tenía un trabajo: manejaba un carrito, pero lo manejaba sin licencia. Un día me paró la policía y me llevó a la cárcel. El día de la corte nos trataron como si fuéramos criminales peligrosos. Éramos como veinte personas, todas en fila, sujetos por una sola cadena. Cada uno iba encadenado de la cintura, las manos y los tobillos. El juez nos dejó en libertad, pero la Migra nos estaba esperando a la salida. Nos deportaron por Mexicali. De Mexicali me fui a Tijuana para volver a pasar.

Mi mujer y mi hijo me esperaban. Me fue fácil encontrar quién me pasara. La misma noche de mi llegada a Tijuana salimos. Hacía un frío terrible, como a las dos de la mañana empecé a temblar y los dientes me empezaron a rechinar. Sentí que algo me estaba pasando. "Me voy a morir de frío" pensé. Me acerqué al coyote y le dije: —Me estoy muriendo de frío. No aguanto más. Por favor déjame agarrar calor de tu cuerpo para poder resistir. —Me vio tan mal que juntó mucha basura a mi alrededor y me abrazó. Así estuvimos un buen rato, después no sé si me desmayé o me dormí. A las 3 de la tarde cruzamos a San Isidro. A medida de que caminábamos, me sorprendí mucho al ver que encontrábamos ropa interior de mujer tirada por todas partes. Llegamos hasta una pequeña montaña donde unos hombres estaban cobrando el derecho al paso por un río. Yo le pregunté qué significaba todo eso. El guía me explicó que debíamos pagar porque así nos protegían de los ladrones, de otro modo ellos mismos nos "bajarían" todas nuestras pertenencias, incluyendo la ropa. —Aquí —me dijo—, si no son los coyotes, son los cholos, o si no los baja pollos. Aquí no hay salida. Ni la policía ni la Migra entran aquí.

Cruzamos a las doce de la noche, caminamos hasta llegar a un *freeway* que pasamos corriendo, un carro nos estaba esperando. En el camino, viendo la carretera, me vine acordando de unas muchachas que me contaron cómo la migra mexicana se las había llevado a un hotel. Me lo contó una de ellas que se dejaba seducir a cambio de pasar sin problemas. Tardamos un día en llegar a Los Ángeles donde me esperaban mi esposa y mi hijo.

Pedro,
Los Ángeles, California

El disparo cayó enseguida de mí

Tenía la ilusión de terminar mi carrera, pero la guerra me lo impidió. Si uno no era simpatizante del gobierno, debía ser simpatizante de la guerrilla. La neutralidad no era posible. Fui parte del medio millón que salió huyendo de la violencia en El Salvador.

El día de mi partida me levanté muy temprano, abracé a mi padre en la despedida. Él me abrazó ocultando su rostro, no quería que lo viera llorar. Yo sabía que la despedida le partía el alma, pero sabía que lo mejor era que yo saliera del país lo antes posible.

Me acompañó en la aventura un amigo de la infancia. Salimos con 300 dólares en el bolsillo y con una enorme confianza que llegaríamos a Estados Unidos a como diera lugar. Lo único que sabíamos era que debíamos atravesar México, llegar a Tijuana, cruzar San Diego y no parar hasta llegar a Los Ángeles. Mi madre y mi hermano nos esperaban en esa ciudad.

Yo tenía veinte años y Tony dieciocho. Era nuestra primera salida fuera de El Salvador. Llegamos al aeropuerto, nos sentamos a esperar la salida del vuelo. Hicimos un pacto de que pasara lo que pasara, no daríamos marcha atrás. Empezamos a conversar cosas sin importancia, cuando de pronto, como si nos hubiéramos puesto de acuerdo, empezamos a llorar. Hubiera querido abrazarlo, tal vez él pensó lo mismo, pero nos habían enseñado que los hombres no se abrazan, tampoco lloran en público, en silencio nos secamos las lágrimas.

En Guatemala nos aprestábamos a abordar un autobús a México cuando un hombre se nos acercó. Yo ya me había dado cuenta que desde hacía rato nos miraba. Al principio desconfiamos, pero luego le agarramos confianza. Le contamos nuestro plan para llegar a Estados Unidos. Nos preguntó nuestras edades. Cuando se las dijimos, vimos que claramente estaba a punto de llorar.

—Tienen la misma edad que mis dos hijos, ¿saben? Yo les voy ayudar.

Nos dio una dirección en México con el nombre de un licenciado. Nos dijo que dijéramos que éramos sus sobrinos. Nos subimos al autobús muy contentos sabiendo que ya teníamos a dónde llegar en México.

Faltaba poco para llegar a la frontera con México cuando siete hombres se subieron al autobús. Empezaron a exigir dinero y joyas. Yo no podía creer lo que veía. Me quedé mudo ante la sorpresa, pero luego se me pasó cuando el jefe de la banda disparó enseguida de mí. El ruido me dejó sordo momentáneamente. Fragmentos de lámina cayeron en mi pantalón. Nervioso, le entregué dos quetzales. Tony le dio un anillo y una cadena que su madre le colgó al cuello el día que partimos. Pensamos que ya había pasado el susto, no nos imaginamos que nos esperaba otro mayor.

En la frontera con México aparecieron otro tipo de asaltantes, éstos llevaban uniformes e insignias del gobierno. Se subieron al autobús, a todos los que llevábamos pasaporte guatemalteco nos bajaron y llevaron a un cuarto. Ahí nos amenazaron con regresarnos si no les entregábamos cierta cantidad de dinero. Gracias a la intervención de unos funcionarios que viajaban con nosotros en el autobús, nos salvamos. También nos ayudaron en dos aduanas posteriores antes de llegar al Distrito Federal.

En el Distrito Federal continuaron los intentos de asalto.

Se subieron otros hombres, dijeron que eran agentes de inmigración de México y nos pidieron que demostráramos que éramos mexicanos o, de lo contrario, nos regresarían a Guatemala. Arrestaron a algunos y nosotros logramos evadirnos. Llegamos a la capital de México a las 11 de la noche. Decidimos alquilar un cuarto en un motel que no tenía muy mal aspecto. Una fría sorpresa nos aguardaba en el cuarto porque nunca habíamos estado en un motel. En el baño vimos algo desconocido. Había dos llaves. No sabíamos que una era para el agua caliente y la otra para el agua fría. Por lo que yo me di un baño con agua fría. Sentía que me estaba cayendo hielo en la espalda y salía un vapor helado de la cañería. Al salir le advertí a mi amigo de lo frío que estaba el agua. Cuando él salió del baño, pude ver cómo le salía el vapor por los poros. Me hizo el mismo comentario: —Eh vos, que fría que es el agua aquí.

Después del frío baño salimos a la calle a "pasear" y nos reímos de vernos los rostros tan rosaditos. Yo quería conocer el Palacio de Bellas Artes. Ahí conocimos a unas muchachas que nos subieron al metro para llevarnos al zoológico de Chapultepec. Nos hicieron sentir muy bien con su amabilidad y hospitalidad. Ese mismo día fuimos a ver al amigo de nuestro "tío". Le explicamos que queríamos llegar a Tijuana en avión. Llamó a una aerolínea, dijo que éramos sus familiares y que íbamos de turistas. Nos pidió la cantidad de dinero que necesitábamos. Nosotros, a manera de protección, habíamos guardado el dinero dentro de las *jackets* de plumas. Las habíamos descocido por dentro y por una ranura les habíamos metido el dinero. Los billetes se habían regado por dentro. Tuvimos que descoserlas completamente para sacar el dinero. Las plumas salieron y, en un momento, la oficina del licenciado se nubló de plumas. Nos apenamos mucho, le pedimos disculpas, pero la risa nos traicionaba.

Ese mismo día nuestro nuevo amigo nos trasladó a un hotel. Se rió mucho cuando le platicamos lo del agua helada. Nos explicó cómo se usaban las llaves. Al siguiente día, uno de los empleados del licenciado llegó a recogernos. Nos llevó al aeropuerto. Ya en el avión, sentados, empecé a tocar todos los botones. A enderezar y reclinar el asiento. Leía las instrucciones cuando Tony me dijo muy molesto: —Eh vos, cálmate, que va a pensar la gente que es la primera vez que nos subimos a un avión. —Los dos soltamos la carcajada.

Al llegar a Tijuana nos sentimos animados, estábamos muy cerca de nuestro destino, al menos eso pensábamos. Al bajar del avión había que pasar con dos aduaneros y luego entrar a la sala de espera donde a la gente le preguntaban su nacionalidad. A los que no eran mexicanos los apartaban. A un lado quedamos como setenta personas que dijimos no ser mexicanos. Aproximadamente quince oficiales nos rodearon formando un círculo, de ahí, fueron saliendo de uno por uno a un cuartito donde nos enteramos les sacaban hasta el último centavo. En mi angustia y miedo busqué la lógica: Si me salgo corriendo de este círculo, no me van a seguir y dejar a todas estas personas.

Sin tiempo que perder, salí corriendo. Comenzaron a gritarme que regresara. Tony, al verme, hizo lo mismo. Corrimos primero y caminamos después. Ya estábamos muy cerca de la puerta cuando otros dos oficiales nos cerraron el paso. Para nuestro alivio sólo querían revisar nuestro equipaje. Un taxi nos llevó al hotel El Económico en Tijuana. Salimos de compras, teníamos que aparentar ser "turistas".

En la calle se nos acercó un coyote que reconoció nuestro aspecto de "turistas". Acordamos el precio para pasar al norte. Pasaría por nosotros en la mañana.

Nos recogió como a las 4 de la mañana. Llegamos a un cerco, que fácilmente pasamos. Subimos y bajamos un cerro muy pequeño donde nos quedamos un rato. Escuchamos pasos cerca. El coyote nos dijo que era otro pollo. El joven pasó de largo, sin mirarnos. Iba solo. Logramos llegar a una estación del tren. Lo abordamos muy tranquilos cuando dos agentes de inmigración se subieron exigiendo documentos. Al ver esto, nuestro "cónsul" salió corriendo, ya abajo nos hacía señas de que nos bajáramos. No le hicimos caso, lo juzgamos un incompetente en su trabajo y preferimos que nos agarrara la Migra. Nos regresaron a Tijuana. No terminábamos de avanzar unos pasos a Tijuana cuando otro "cónsul" se nos acercó. Su promesa fue que nos cruzaría por la línea. Al día siguiente esperamos el cambio de guardia de los agentes. Nuestro "cónsul" nos hizo una señal y corrimos. Los agentes nos gritaron que nos detuviéramos. Corrimos más de prisa. No nos siguieron. Cruzamos la línea. Una camioneta tipo pick up nos estaba esperando más adelante. Adentro ya estaban unas quince personas, parecíamos sardinas. Nos cubrieron con un enorme tapete. Dábamos la impresión de ser algún bulto de carga. Dimos gracias a Dios de que era invierno, de lo contrario, nos hubiéramos deshidratado. Pasando la revisión de San Clemente, nos permitieron sentar. Lo primero que vi fue unas gaviotas. ¡Me sentí tan feliz de verlas volar libremente . . . ! La primera parada fue en Santa Ana desde donde empezaron a llamar a nuestros familiares. A Tony y a mí nos llevaron al este de Los Ángeles. Fue ahí donde escuché por primera vez la palabra "burrito". El coyote me preguntó si quería comerme un burrito: —Bueno —le dije— si aquí se acostumbra comer esa carne, pues nos la comemos. —Me supo muy sabroso.

Mi hermano llegó una hora después. Pagó los respectivos cobros "aduaneros" y nos dejaron ir.

Durante mucho tiempo juzgué a todo un país por las pocas "manzanas podridas" que conocí en el camino. Fue hasta que conocí a una familia de Michoacán que aprendí a no juzgar a todo un país por unos mexicanos malos. Recuerdo con cariño a todos aquellos que nos ayudaron en el camino.

Vladimir,
Los Ángeles, California

Mis primas llegaron de California

Tenía apenas veinte años y pensaba en matarme. Me sentía mal con toda mi vida, me sentía vacía, inútil en todos los sentidos. Sentía que el suicidio era la forma de terminar con el estilo de vida miserable que tenía. Me preguntaba si había algo que me motivara a seguir viviendo o algo que me diera el valor para acabar de una vez con todo. Me sentía morir con cada día. Llegó mi madre a verme, me preguntó si quería irme a los Estados Unidos. Unas primas lejanas habían llegado de California y podría vivir con ellas una vez llegando a Los Ángeles. Pospuse la idea de quitarme la vida. Decidí hacer algo por ella antes de "sacrificarme". Aún no sé si mi madre fue un motivo o un pretexto para viajar a Estados Unidos. Tal vez el verdadero motivo fue ocultarme a mí misma, la cobardía de no poder acabar conmigo.

En Tijuana mi prima se encargó de buscar y hacer trato con un coyote. Esa misma noche nos pasamos, tuvimos que correr, agacharnos, tirarnos al suelo, retroceder, volver a correr. Con el alma en un hilo por el suspenso, sentía que tenía el corazón en las orejas por lo fuerte de los latidos. Era la primera vez que huía y me escondía de alguien como si fuera una delincuente. Tenía miedo de chocar contra un árbol o un caballo de los agentes que andaban por ahí. Aún así, tenía que correr a oscuras o me dejaban atrás. Me sentía estúpida corriendo a ciegas en un lugar desconocido y completamente oscuro.

En San Clemente un hombre gordo y feo nos esperaba. Nos guió hacia un carro estacionado en un lugar apartado y oscuro. Me indicó subirme en el asiento de adelante. Esperamos a una muchacha de Sinaloa que venía atrás. Pensé que quizá esos dos hombres nos harían algo, eran hombres desconocidos y vulgares. El hombre gordo les hablaba muy grosero a mi prima y a la otra muchacha, pero a mí se dirigía con respeto.

En el camino a Los Ángeles, los dos hombres empezaron a pelear. Se dijeron puras majaderías. Llegamos a South Gate. Me quise bajar en un estacionamiento, pero el compañero del gordo, me preguntó que a dónde iba, que no me bajara. El gordo intervino, le dijo que me dejara en paz, que yo ya le había pagado, y era cierto. Se llevaron a mi prima y a la otra muchacha. Ellas no traían con qué pagar. Mi prima se había gastado todo el dinero en discotecas antes de venirnos. Traté de convencerlos de que la dejaran libre dándoles el dinero que me sobraba, pero no aceptaron.

Mi prima después me dijo que por mi culpa, el coyote la había violado. Me fui a vivir a casa de otra prima donde me hicieron ver mi suerte. Llegué en época de invierno y muchas noches no dormí por el frío. Pasé hambres, humillaciones, me llegaron a encerrar y los insultos eran diarios.

A mis primas no las quiero pero tampoco las odio. Ahora me son completamente indiferentes.

Elsa,
Los Ángeles, California

Todo lo hice por él . . . y me traicionó

Era el muchacho más guapo que había visto en mi vida. Tenía la barba partida y un mechón de pelo lacio le caía sobre la frente. Cuando hablaba fruncía las cejas. Su risa era sonora, no sonreía, se reía y las carcajadas se oían en toda la tienda.

Yo trabajaba de cajera y él era el vendedor de piso. El primer día de trabajo lo llevé a su casa. En el camino hablamos como si nos conociéramos de antes. Al llegar a su casa, se bajó y seguimos platicando por la ventana del carro. Él recargado, cruzado de brazos. Al despedirnos asomó la cabeza y me dio un beso en la boca. Esa noche soñé con él.

A la segunda semana de conocerlo supe que quería pasar con él toda mi vida. En las horas de trabajo no apartaba los ojos de mí.

—Deja a tus papás y vente conmigo.

—Ya. ¿No sería mejor si empezáramos por casarnos?

—Pues nos casamos.

Mis padres tuvieron problemas para aceptarlo. Estaban alarmados por la precipitación de la boda. Dos días antes de la fecha de la boda llegó a la tienda en un estado lamentable. Llevaba el pelo revuelto. El tufo a cerveza le salía por los poros. Ocultaba los ojos detrás de unas gafas oscuras.

—¿Qué te pasó?

—Ya sabes, las despedidas de los amigos.

Cuando nos casamos rentamos un departamento muy pequeño, teníamos lo elemental. No necesitaba más, lo tenía a él. Cada domingo le prendía una veladora al santísimo para que mi felicidad nunca se acabara. En la tienda seguía siendo el hombre tierno y cariñoso que había conocido. Por las tardes dábamos largos paseos, le gustaba entrar a los callejones. Me ahogaba con sus besos. Salíamos riéndonos a carcajadas. Mis padres se preocupaban por nuestra situación económica. El auto se me había descompuesto y el dinero no nos alcanzaba para arreglarlo. A los tres meses, mi felicidad aumentó, estaba embarazada. Deseé que fuera niño, que tuviera sus ojos, que tuviera su pelo negro lacio, con un mechón que le cayera sobre la frente. No me aguanté llegar a la casa, se lo dije en la tienda y me besó delante de la gente. Esa misma tarde se lo dijimos a mis papás.

—Ya no vayas a trabajar.

—Estoy embarazada. No tullida.

—No. Es mejor que te quedes en casa.

—Ya. ¿Pero puedo trabajar?

—No. Yo buscaré otro trabajo.

—Ya. Como tú digas.

Las visitas al santísimo se hicieron más frecuentes. Le pedía que mi hijo naciera con bien. Empezaron las fricciones entre él y mis padres por la falta de dinero y el futuro del niño.

La primera vez que se tardó. Llegó oliendo a cerveza y su mirada era muy fría.

—¿De donde vienes?

—Para qué quieres saber.

—Pues porque soy tu mujer.

—Una mujer que se está poniendo muy gorda.

Esa noche no dejé de llorar hasta entrada la mañana. No sentí cuando se fue al trabajo. La situación se volvió tensa. Las necesidades empezaron a entrar por la puerta, por el techo, por las rendijas, por los bisagras de la puerta. Faltaba una semana para aliviarme.

—¿Te vas a ir a los Estados Unidos cuando está a punto de nacer tu hijo?

—Tu familia no nos deja ser felices.

—¡No puedes dejarme ahorita! —le dije ahogándome en los sollozos—. ¿Cómo vas a salir de El Ecuador si no tienes ni pasaporte?

—Uno de los cuates sabe cómo cruzar sin peligro.

—¡Estás loco! No te puedes ir. ¡Quédate por lo menos hasta que nazca!

—No hay tiempo. La salida es mañana.

Sentí que alguien me alzaba de los cabellos y me dejaba caer desde una altura insospechada. El hombre que era mi todo se iba y no podía hacer nada para detenerlo. Llorando, me abracé a su cuello. Lo quería tanto. Sentía que moriría de la nostalgia.

Le preparé la maleta más pequeña. Me dijo que le pusiera únicamente dos cambios de ropa. No podía llevar más. Mi familia estaba furiosa con él.

—¿Cómo te puede dejar cuando está a punto de nacer su hijo?

—Mamá es que su amigo lo va a cruzar gratis. Tiene que aprovechar.

—Un hombre responsable no hace eso.

—Ya está decidido.

—Tú no te preocupes. Puedes vivir con nosotros el tiempo que quieras.

—Gracias, Mamá.

Esa noche caminamos abrazados por una de las calles que recorríamos de novios. Empecé a temblar de nervios. Él me abrazaba. El mundo se derrumbaba a mi alrededor. Nos besamos. Intenté convencerlo de nuevo.

—¿Ya lo pensaste bien?

—Sí. Ya está pensado y decidido.

—¿Y si algo te pasa?

—Te quedas con un hijo. —La respuesta me produjo ira—. ¡No te importa nuestro hijo! Ya nada te importa. Nomás quieres largarte. Ya estoy gorda, ya estoy fea. Me quieres dejar. ¡Confiésalo! —Habíamos llegado al departamento.

—Piensa lo que quieras —me dijo enfadado.

Dentro de la casa lo enfrenté. Estaba sentado en la silla de mimbre. La cabeza enterrada en las manos. Quería acariciarle el pelo negro. Besar el óvulo de sus orejas. Rozar su cuello con mi lengua. —Si no quieres quedarte. Entonces lárgate.

Salió de madrugada sin despedirse, había dejado la maleta en la puerta. Ese mismo día me mudé con mis padres. Las angustias aceleraron el parto. Un niño de pelo negro me nació sin problemas. Lloré la primera vez que lo vi succionarme con fuerza el pezón. Sus manos diminutas me sujetaban el pecho.

፠   ፠   ፠

La carta llegó a las cuatro semanas. Venía acompañada de un giro postal por 150 dólares.

Magdalena,

La cruzada no fue fácil. Ya encontré trabajo. Te extraño mucho. Ya te llamo pronto. ¿Cómo está mi hijo, o es hija?

Efraín

Lloré de alegría. Leí la carta una y otra vez. Entre las líneas, buscaba las palabras de amor que tanto necesitaba oír. Me la aprendí de memoria. A esa carta le siguieron otras cada vez más esporádicas.

Cristian, nuestro hijo, había cumplido el año y no conocía a su padre.

—Olvídate de ese hombre, no va a regresar por ti.

—Efraín —dije llorando— no me ha olvidado Mamá.

—Harías bien en olvidarlo. No se ha dado el tiempo de venir a conocer a su hijo.

—¿Cómo puede salir si no tiene documentos? —Me avergonzó el hecho de justificar lo injustificable. En ninguna de sus cartas me había pedido una fotografía. Yo era la que le contaba en detalle lo que hacía nuestro hijo. Cuando dijo por primera vez "pa". La vez que se cayó y se abrió la frente. "¡Por favor santísimo, que no me haya olvidado!" Rezaba por las noches. "¡Que quiera ver a su hijo!" Me convertí en una beata. No dejaba de ir a la iglesia por las tardes. Mi mamá cuidaba de Cristian porque yo había regresado a la tienda a trabajar de cajera. Durante el día me llenaba de ocupaciones para no recordarlo, pero en las noches lloraba por verlo.

Estábamos desayunando cuando sonó el teléfono. La voz era la misma:

—Magdalena, vente conmigo.

—Efraín. ¡Es Efraín! —les grité a los demás.

—Un señor va a ir por ti.

—Pero no puedo dejar a Cristian, está muy pequeño.

—Te extraño mucho.

—Yo también.

—¿Cómo está el niño?

—Se parece más a ti cada día.

—Entonces está muy guapo. —Reímos a carcajadas.

Le perdoné que no me hubiera escrito en los dos últimos meses.

—¿Te acuerdas de nuestros paseos?

—¿Cómo olvidarlos si me hiciste un niño en uno de esos?—Volvimos a reír. Hubo un silencio. Se escucharon voces al fondo.

—¿Quién está contigo?

—Unos amigos —contestó perturbado.

—Ya. ¿Amigos o amigas?

—Ya te dije que amigos. —Su voz se tornó áspera.

—¿Me quieres todavía? —me preguntó.

—¡Te adoro! —le contesté.

—Entonces vente a Los Ángeles conmigo.

Acordamos que una mujer con un niño pasaría por mí y me llevaría donde él. Mis padres trataron de convencerme de que me quedara.

—¡Eso es una locura! —decía mamá.

—¿Te has olvidado que tienes un hijo? —argumentaba Papá.

—¿Lo vas a dejar para irte con ése? —agregaba mi hermano mayor.

No los escuchaba, sólo sabía que pronto estaría a su lado. Mi padre me advirtió que si me iba, las cosas no iban a ser las mismas con ellos. A partir de ese día, mi madre no hizo más que llorar. Temimos por su salud. Fue tanto el dolor y el enojo que provocó mi partida que casi dejaron de hablarme. En una segunda llamada Efraín me dio instrucciones precisas para el viaje.

El día de la salida decidí cortarme el cabello y dejármelo lacio. Quería verme más joven. Escogí con cuidado la ropa que llevaría. Me decidí por unos pantalones de vestir negros y una blusa azul con una chaqueta del mismo tono y me envolví el cuello con una pañoleta de seda negra. También me llevé mi abrigo negro largo que me daba al tobillo. Besé a mi hijo en su cama, diciéndole que regresaría con su padre.

La mujer que pasó a buscarme se veía como una mujer segura. Había sido puntual al recogerme. Yo pensaba en mi hijo y en su padre. En lo mucho que lo había extrañado. Reía al pensar que pronto lo volvería a ver.

☙ ☙ ☙

El avión aterrizó a las 6:30 de la tarde, hora de México. La primera humillación la pasé cuando una agente de inmigración me registró toda. La señora me explicó que por ser Ecuador frontera con Colombia nos convertía a todos los ecuatorianos en sospechosos de llevar droga. Nos hospedamos en el Hotel Casa Blanca en el centro de la ciudad. Al siguiente día la señora, su sobrino y yo abordamos un Jumbo DC-10 rumbo a Tijuana. En el vuelo nos sirvieron comida. Fue la primera vez que probé comida mexicana. Mi sorpresa fue mayúscula cuando vi lo diminuto que era el aeropuerto en comparación con el de México. Me habían dicho que Tijuana era una de las ciudades más visitadas del mundo. Efraín me había explicado que yo tenía que hacerme pasar como mexicana de Guadalajara. Sin mucha dificultad, convencí al oficial de inmigración de Tijuana que era de Guadalajara. Me dejó salir sin problema. Afuera del aeropuerto nos esperaba un hombre, era el padre del niño que traía la señora. Nos llevó a comer y yo no pude comer al enterarme que me dejarían sola en aquella ciudad que me era enteramente extraña. Ellos cruzarían la línea esa misma tarde. Traían documentos para hacerlo. Me llevaron al hotel El Cacho. Se despidieron y me advirtieron que no le abriera la puerta a nadie hasta que llegara una señora apodada "la Nana". Esa misma noche llegó. Al verla, la abracé y me solté a llorar. La señora ya de edad, juntó mis manos, me pidió calma y tranquilidad y me dijo que le pidiera a Dios que esa misma noche me reuniera con el padre de mi hijo. Luego me pidió todas mis pertenencias. Le di mis aretes, reloj, anillos, pulsera, todo de oro. Me prometió que me lo regresaría. Se llevó también todo el dinero que traía, nada más me dejó diez dólares. Me aseguró que en unas cuantas horas llegarían por mí dos hombres y que ellos me cruzarían la frontera.

Pasaron dos, cuatro, cinco, seis horas. No llegaba nadie. Yo no hacía otra cosa más que llorar. Llegó la noche, nadie se acercaba a mi puerta. Era tanto el cansancio y el miedo que no supe en qué momento me quedé dormida. Cuando desperté era de día, me vi en el espejo, los ojos se me habían convertido en dos empanadas de lo hinchado que los tenía de tanto llorar. Pasó todo el día. Me bañé con agua que parecía salir de un refrigerador. No había agua caliente. La dueña del hotel me vendió leche y pan. Como a las doce de la mañana del tercer día aparecieron dos hombres en mi puerta. Iban de parte de la Nana. Las instrucciones fueron concretas: —Sólo síguenos, no nos hables a no ser que sea muy necesario. Tampoco le hables a nadie.

Atravesamos la ciudad para llegar a la casa del coyote. En el trayecto hablé muy poco, ellos se percataron de que utilizaba mucho la palabra "ya" y me dijeron que no la usara.

La casa del coyote resultó estar en un vecindario muy pobre. Adentro había como ocho hombres, todos "guías" según me dijeron. En total éramos como quince personas, además de un hijo del coyote. Teníamos que compartir un sólo baño.

Entre los que iban a cruzar estaba un colombiano de tez muy morena. El coyote le dijo que con él iba a tener más problemas por el color de su piel.

Yo me dormí en la cama de la esposa del coyote. A media noche me despertaron unos gritos. El coyote y sus ayudantes se habían emborrachado. El coyote empezó a gritarle a la esposa que lo había traicionado. Nos ordenaron que nos fuéramos a dormir. Vi que el hombre se acercó con la intención de golpearla, yo y el resto del grupo se lo impedimos. El hombre nos maldijo a todos. Estaba furioso. Finalmente se quedó dormido y pudimos descansar hasta el siguiente día. A la mañana siguiente la señora preparó un platillo que llaman caldo de res y carne asada. Fue la segunda vez en una semana que yo saboreaba la comida mexicana en su máximo sazón. El coyote nos advirtió que teníamos que comer muy bien. Si hubiera sabido lo que me esperaba hubiera considerado aquello como una última cena.

La casa del coyote estaba a unas cuadras de la malla que divide la frontera. Cruzamos la malla sin ninguna dificultad. Ya del otro lado el coyote nos explicó que si la Migra nos agarraba, debíamos decir que éramos mexicanos y no dar, por ningún, motivo nuestros nombres verdaderos.

Empezamos a caminar, venían varios ayudantes del coyote. Dos hombres me guiaban a mí, porque yo iba muy recomendada. Empezó la travesía por "El valle de los caídos". Le llamé así porque hubo muchas caídas. Empezamos a caminar y a caminar hacia arriba. El cielo estaba cubierto por helicópteros a los que los guías llamaban "mosquitos". Había trechos en que corríamos y nos tirábamos al suelo. Así, una y otra vez me ordenaban: —¡Corre! ¡Corre!

Yo les gritaba —¡Ya no puedo!

Uno me jalaba de un brazo y el otro del otro, —¡Corre! ¡Al suelo! ¡Corre! ¡Al suelo! Los helicópteros están sobre nosotros.

Era peor que en una selva. Todo esto se calmó cuando llegamos a un árbol inmenso. Tenía la forma de un hongo gigantesco. Ahí nos reunimos todos ya que nos habíamos separado en pequeños grupos durante el camino. Volvimos a correr en fila y el coyote de pronto grito: —¡Ya llegamos!

Antes de poder respirar de alivio, nos ordenó escondernos en unos matorrales, a unos metros se podía ver la Migra. Nos tiramos todos al suelo. Había excremento por todas partes. Estuve a punto de vomitar. Los insectos volaban en enjambre sobre la suciedad. Ahí estuvimos hasta que la Migra se fue. Uno a uno, fuimos cruzando los rieles del tren. Atravesamos una casa por la parte de atrás y salimos a la calle. El coyote me tomó de la mano y me dijo: —Caminemos como si fuéramos novios.

Me llevaba abrazada de la cintura. Fingimos conversar y caminamos despacio. Me guió hasta un pick-up que resultó ser muy peculiar. La parte de atrás estaba construida como un cajón vacío. La apertura estaba en el lugar donde se sienta el chofer y los dos pasajeros. Por ahí entramos como seis personas. A mí me acomodaron atrás del asiento. Empezaba a dormitar cuando el pick-up se paró y me pasaron al asiento de enfrente donde estaba el coyote y la Nana. Avanzamos hasta un lugar llamado San Onofre. Ahí tenían una casa móvil. Eran como las 3 de la mañana cuando llegamos.

El corazón me saltaba de emoción sabiendo que ya faltaba muy poco para volver a ver a Efraín. En la casa móvil cambiaron de carro. Por ser la única mujer decidieron pasar a dejarme primero. Nunca olvidé los nombres de las calles que tomaron para reunirme con el hombre por quien lo había dejado todo. Eran las calles Alvarado y Santa Inez. Llegamos en media hora al lugar. Afuera, en medio de un grupo de hombres, divisé al padre de mi hijo. Empecé a reír y a llorar al mismo tiempo. Me parecía imposible que al fin íbamos a estar juntos. En ese momento creí que sería para siempre. El carro se detuvo a la mitad de la calle. Como en las películas, me bajé y corrí a su encuentro. Lo abracé llorando. No quería dejar de mirarlo, me parecía que se iba a desvanecer. Me tenía abrazada de la cintura. Le pagó al coyote. Me despedí de la Nana. Ella me dio su teléfono por si algo se me ofrecía.

Esa noche casi no pude dormir. Lo miraba y no podía creer que estábamos otra vez juntos. Le acaricié el pelo. Besé el hueco de su barbilla. Hundí mi cara en su pecho. ¡Mi amor! ¡Mi amor! Estábamos juntos. Nada podría separarnos ahora.

Cuando desperté ya se había ido. El recuerdo de mi hijo

me llegó como una punzada en nuestro primer día juntos. Me consolé pensando en que la Nana podría traerlo. —A los niños los pasamos con papeles —me había dicho.

Empecé a acomodar sus cosas. Tenía tiempo para limpiar y arreglar todo. Cuando estaba acomodando cosas en el clóset, me encontré con una caja de zapatos llena de fotografías. En una se encontraba Efraín sentado en un parque rodeado de rosas, una mujer le acariciaba la barbilla. La misma mujer volvió a aparecer saludando desde la ventana de un carro. En otra estaban los dos acostados en la playa, ella frotándole aceite en la espalda. Ese momento se convirtió en un siglo de dolor. "Ayúdame Dios mío".

El teléfono sonó imperativo. Descolgué el auricular. Una voz femenina lo buscaba y se sorprendió al escucharme. Insistía en hablar con él. Le dije que era su esposa. Un silencio doloroso se escuchó al otro lado de la línea. Me dijo que ella era su novia desde hacía seis meses. Los planes de la boda estaban avanzados. Me dijo su nombre. Le di el mío. Le hablé de Cristian y de la boda en El Ecuador. Ella guardó silencio como evaluando mis palabras. Al final colgó sin despedirse.

Marqué el número de la Nana. No quise volver a verlo, podría olvidar su traición y abrazarme a su cuello. Lo había encontrado más guapo que nunca aunque él había engordado unos kilos y el pelo lo traía más largo. Debía odiarlo y, sin embargo, lo seguía queriendo. Esa misma tarde tomé el avión para El Ecuador.

Después de un año decidí regresar a los Estados Unidos. Conocí a un hombre maravilloso de origen guatemalteco. Llevamos diez años de casados y ha sido lo mejor que me ha pasado en mi vida.

Magdalena,
Los Ángeles, California

Por amor a mi "princess"

Por mucho tiempo, mi tía me decía: —Vámonos a los Estados Unidos. Allá estudias y trabajas, tu hermana ya tiene tiempo allá y junto con tu prima te pueden ayudar a salir adelante.

Nunca quise dejar México. Tenía una licenciatura además de la experiencia de trabajar en la banca privada. Siempre luché y luché para no seguir el destino de muchos de mis compatriotas, pero al final, no me quedó de otra.

Un mal día, fui despedido, busqué otro trabajo y me di cuenta que no sería fácil volver a colocarme. Aún así no me desanimé, empezaron a correr los días y los meses sin encontrar un trabajo decente. Los salarios eran mínimos y el trabajo era mucho. Recuerdo que el último trabajo que me ofrecieron era para ganar 1,200 pesos al mes. Con este sueldo se puede vivir pero con muchas limitaciones. No alcanza para solventar gastos de comida, transporte, ropa, escuela. No me quedó otra que despedirme de mi "princess" con la promesa de que le escribiría. La quería mucho. Ella me prometió esperar.

Con los documentos de mi trabajo en la banca pude conseguir una visa para Estados Unidos. Llegué a Los Ángeles en avión, con gran tristeza, pero animado ante la posibilidad de colocarme en un buen trabajo. Traía bastante experiencia y educación. Mi hermana me abrió las puertas de su casa,

pero me sentía fuera de lugar. A diario salía a buscar trabajo. Lo encontré dos meses después de mi llegada. Los documentos ya no me preocupaban porque gracias a la oficina de
inmigración del Parque McArthur me hice residente.

Todos los días metía solicitudes en diferentes lugares. La
primera vez que me llamaron para una entrevista, me puse
mi mejor traje. Lustré con especial esmero los zapatos, me
puse la corbata más fina y mi peinado era impecable. Me
dieron el trabajo, no podía haber sido de otra manera, yo era
el más presentable y mis estudios eran superiores. Desafor-
tunadamente el trabajo que me dieron era de cargador. Para
ese trabajo no se necesitaba preparación, sino fuerza bruta.
Lo acepté por mi mucha necesidad. El trabajo consistía en
llevar cajas de archivo muerto del piso séptimo al décimo
quinto. Lo aguanté seis meses. Me empezó a golpear la nostalgia de no estar con mi "princess", mis amigos, y mi ciudad. Confiado en tener mi visa en regla, decidí viajar por
unas semanas a México sin imaginarme el giro que tomaría
mi vida con ese viaje.

Mi novia lloró al verme, me había extrañado mucho. Yo
también la había extrañado. Lo que no esperaba era que ella
quisiera regresarse conmigo. Le expliqué que eso era imposible. Ella no tenía pasaporte, yo no tenía trabajo. Le expliqué
que Estados Unidos no era como lo pintan en la televisión,
donde todo es abundancia y felicidad. Es un sistema de
mucho trabajo, de mucha tensión. Las cosas no son fáciles.
Mi novia no me escuchó. A la siguiente tarde llegó a mi casa
con todas sus "chivas". La abracé emocionado por su entre-
ga, pero también preocupado por lo incierto de nuestro destino. Desde esa tarde, mi "princess" ya no regresó a su casa.

Le hablé a una persona que conocía en Ciudad Juárez
para que me dijera cómo estaba la situación de la pasada,
—No tengo la menor idea —fue su respuesta.

Mientras tanto, los familiares de mi novia me buscaban

por todas partes, sabían que ella estaba conmigo. Mi integridad física estaba en peligro. Tratamos de escondernos, pero al final nos encontraron y después de las lágrimas, los reproches y el perdón, acordamos legalizar nuestra unión en el registro civil. La fecha fue inmediata, después de la ceremonia se hicieron planes para una fiesta. Después de la fiesta mis finanzas quedaron muy golpeadas.

Al siguiente día de la legalización de nuestra unión, volamos a Ciudad Juárez. Ahí nos esperaba el único amigo que conocía. No nos ofreció su casa, pero sí nos llevó a uno de los hoteles más baratos. Ahí nos quedamos. La cena de nuestro primer día de casados fueron dos panes y una soda.

Pasaron tres días de espera en el hotel, y sólo tuvimos una comida caliente. Los encargos que llevábamos para mi hermana, "romeritos", terminaron en nuestros estómagos. El dinero se había ido en el pago del hotel y quedaba lo justo para el pasaje de regreso al Distrito Federal.

Nos habíamos decidido por el regreso cuando alguien llamó a nuestra puerta. Era una señora joven, acompañada por tres jovencitas. Nos dijeron que mi amigo les había platicado nuestra situación y que nos iban a ayudar.

—Cámbiate y ponte muy guapa, —le dijo la señora a mi esposa—, vamos a pasarte en carro por la línea.

No conocíamos a esas personas, pero decidimos confiar en ellas. La pasada sería muy temprano por la mañana.

Llegaron puntuales por ella. Pasaron las horas; a media mañana empecé a dudar si había hecho lo correcto en confiarles a mi "princess". Cuando vi que la mañana se había convertido en tarde, muchos pensamientos se me vinieron a la cabeza, y *¿qué tal si se trataba de una banda de tratantes de blancas? ¿Qué le voy a decir a mi suegra cuando me pregunte? ¿Y si nunca más la vuelvo a ver?* Me empecé a pasear por todo el cuarto. Me detenía por momentos a ver por la ventana. Ahí me quedé clavado, con la mirada en la ventana. Desde ahí podía ver la calle. No sé cuantas horas pasaron, sólo sé que de pronto surgieron tres figuras en la calle y una de ellas era mi "princess". Me puse a brincar como loco. Me sentía aliviado.

—No pasó porque le hicieron unas preguntas y no supo cómo contestarlas —me explicaron—. Cámbiate otra vez, pero esta vez ponte jeans —fueron las nuevas instrucciones. Así lo hizo y yo me quedé otra vez en la espera, esta vez menos angustiado. Las horas transcurrieron lentas. Las preguntas volvieron a asaltarme. *¿La habrán detenido? ¿Estará ya del otro lado?*

Me recosté en la cama mirando fijamente al techo, pensando en lo que iba a hacer si no aparecía antes de que llegara la noche. Un nuevo toquido en la puerta me sobresaltó. El esposo de la señora, un hombre bajito, llegó a avisarme: —Tu esposa ya está del otro lado, está en El Paso.

Quise saltar de la alegría. Lo quise abrazar. Ahora seguía yo. Las instrucciones eran llevar una sola maleta. Tomé la primera que alcancé. Las otras dos se quedaron ahí. Al salir, me percaté de un problema. No tenía dinero para pagar la cuenta. Con mucho pesar tomé la cadena de oro que me había regalado mi "princess" el día de la boda y se la di al encargado.

El recién llegado me llevó con su esposa que ya nos esperaba en un auto. Resultó llamarse Julissa: —Tu esposa está bien, tú pasas caminando con tu visa para evitar preguntas. Te esperamos del otro lado. —Asentí con la cabeza.

Cada paso que daba era como un kilómetro, el nerviosismo me delataba. Retomé el aplomo a unos centímetros de estar frente al agente. Al ver la maleta, me preguntó qué llevaba. Hubo unos segundos de vacilación. En ese momento me percaté que no sabía qué llevaba en la maleta.

—Abre la maleta —me ordenó. El seguro cedió y se vieron zapatillas, secadora, maquillaje, ropa interior. Intrigado el agente de immigración preguntó—. ¿Y esto?

—Son cosas que le llevo a mi hermana —contesté sin titubear.

—Pasa —me dijo secamente el oficial.

El corazón empezó a desacelerarse cuando llegamos a la casa de Julissa y su esposo. Las cosas no pudieron haber sido mejores, la pareja nos abrió las puertas de su casa. Sin interés alguno, nos ayudaron. Sus cinco hijos, tres jovencitas y dos niñas chiquitas nos ofrecieron su amistad. Fue una experiencia que nos dejó muy gratos recuerdos.

La segunda fase del viaje la hicimos en avión, nos quedaban $40, gracias a nuestros amigos pudimos completar para el pasaje a Los Ángeles. Mi "princess" iba con traje sastre, maquillada, peinada, yo con pantalón de vestir, gabardina y una carpeta negra de trabajo bajo el brazo. Al pasar por el detector de metales, dos policías enfocaron su atención en mí. Tuve que volver a pasar: —Bip, —los policías se acercaron, me hicieron a un lado. Me sometieron a una revisión más minuciosa. El detector manual no encontró nada. Me dejaron pasar.

Mi esposa se había adelantado y me esperaba en el avión. Ya sentados entrelazamos las manos húmedas del miedo. Me asomé a la ventanilla y vi el despegue que se dio sin contratiempos. Necesitaba un trago. La voz del capitán anunció escala en Phoenix. Me regresó la transpiración con más intensidad. —Nuestro vuelo era directo. No teníamos a qué llegar a Phoenix —protesté.

Nadie escuchó. El tiempo de vuelo me pareció muy corto. Aterrizamos en el aeropuerto de Phoenix y nos informaron que teníamos que abordar otro avión para llegar a Los Ángeles. Dos oficiales de inmigración nos observaban. Finjí estar concentrado en los papeles que llevaba en la mano. Mi esposa con lentes oscuros, pelirroja buscaba algo en la bolsa sin encontrarlo. Pasamos frente a los agentes sin detenernos. Nos sentamos en el avión, Los Ángeles estaba cada vez más cerca.

Las luces de la ciudad fueron el aviso de que estábamos a punto de aterrizar. Una sala de espera, un pasillo y unas escaleras nos separaban de la puerta que daba a la calle. No quisimos recoger el equipaje. Me aseguré primero de sacar a mi "princess" a la banqueta, afuera estaría a salvo. Regresé por la maleta, estaba a medio metro de la calle cuando un grito me congeló la sangre. Creí que venían por mí. Era alguien que quería la contraseña de la maleta. Se la di y salí a la calle. Tomamos un taxi directo al departamento que había dejado antes de mi viaje. La mano me temblaba, no atinaba meter la llave en la cerradura. Pasaron unos minutos de risas. Ya adentro, quise gritar, saltar, había sido mucho el nerviosismo y la tensión acumulados.

Después mi "princess" me contó que su experiencia para cruzar la frontera había sido aterradora. Sin tener todos los detalles precisos, sé que nadó en aguas pestilentes donde había ratas, corrió y saltó bardas para poder cruzar. He decidido no preguntarle para que no lo vuelva a recordar.

En menos de tres años mi "princess" y yo hemos sacado el certificado de *high school* y Dios junto con nosotros sabe que con preparación y perseverancia llegaremos muy lejos.

James,
Gardena, California

Recién había dado a luz

Acababa de cumplir los diecinueve años y la recuperación económica que nos había prometido el presidente Luis Echeverría Álvarez había sido sólo eso, una promesa. Al igual que a muchos millones de mexicanos, se me fueron las ganas de creerle y con las ganas también se me fueron las esperanzas de que las cosas en México se pusieran mejor. La historia me comprobó que tomé la decisión correcta.

Mi colonia, Unidad Independencia era como otras colonias en el Distrito Federal: llena de carencias y de necesidades, pero había mucha convivencia. No se sentía la soledad, la nostalgia menos, tampoco había hambre. Siempre alcanzaba para cenar un pozole o comerse unos tacos en el puesto de doña Conchita, la de la esquina. Era nuestra costumbre salir por las tardes y sentarnos en el quicio de la puerta para platicar con el vecino de la puerta contraria.

Mi deseo de salir de México fue por dos razones, la falta de confianza en las promesas del nuevo presidente y por la aventura de viajar a los Estados Unidos. Salí de México el 28 de noviembre de 1973.

En un boleto de Transportes Norte de Sonora invertí todos mis ahorros. Me costó 350 pesos, me quedaban 50 para el resto del viaje. No sé cuantos días pasaron, si fueron dos o tres para llegar a Tijuana, sólo sé que llegamos un día muy oscuro, el reloj del compañero de asiento marcaba las

8 de la noche.

Sin dinero para el alojamiento entré a un billar y ahí me quedé a dormir toda la noche. Me preparaba para dejar el billar y salir a buscar a un coyote cuando me dijeron que ahí mismo ofrecían el servicio. Uno aceptó que lo acompañara. Sabía de mi situación. Esa misma mañana fue la salida, antes de subir a su carro, le pedí de favor que me esperara un momento. Corrí a una licorería y compré una botella de tequila y guardé el poco dinero que me quedaba. El licor lo compré para contrarrestar el frío sin imaginarme que esa botella salvaría la vida de una mujer.

El coyote me llevó a una casa sola por la Colonia Libertad, ahí lo esperaban como diez personas: ocho hombres y dos mujeres. Creo que mi aspecto joven les inspiró confianza a las dos mujeres. Se me acercaron y me hicieron plática. Eran madre e hija. La hija tenía catorce años y a la mamá no supe calcularle la edad, no era joven, pero tampoco era vieja. Me platicó que ella y su hija venían desde Zacatecas y que apenas tenía dos días de haber dado a luz a un niño que habían dejado en Zacatecas.

La salida se acordó para esa misma noche. Cruzamos por el aeropuerto, caminamos por unas caballerizas y fue ahí donde el coyote nos ordenó: —Échense a correr. —Todos corrimos, habíamos avanzado como tres millas cuando me di cuenta que las dos mujeres se habían quedado muy atrás. Me regresé por ellas. Vi que la que había dado a luz caminaba con dificultad. Había que brincar hoyos y cruzar barrancos y no podía.

—Poco a poco se me fueron yendo las fuerzas —explicaba.

Su hija la vio con mucha preocupación. Se me acercó y me dijo casi llorando: —Por favor ayude a mi mamá. Ya no puede caminar.

Se veía que la mujer ya no aguantaba. El coyote se adelantaba cada vez más con la demás gente. Le dije a la señora que se apoyara en mí. Seguimos caminando cuando de repente se desmayó.

—Déjenme aquí. Ya no puedo más —nos dijo cuando volvió en sí.

Saqué el tequila y le froté un poco por toda la cara. Se compuso y pudo seguir caminando. En el camino me dijo:
—Joven, por favor no nos abandone. Aquí es muy peligroso.

El coyote y la gente ya nos habían perdido. Nosotros sin divisarlos, seguimos caminando toda la noche.

Era de madrugada cuando entramos a Encinitas. Yo casi la llevaba en peso cuando se volvió a desmayar. Yo no sabía ni cómo se llamaba la señora. Cuando la vi desmayada, saqué rápido el tequila y se lo volví a frotar. Le eché todo el frasco. Ella reaccionó y se reanimó un poco.

No sé de donde sacó las fuerzas, pero siguió caminando hasta bajar a la carretera. Divisamos una tienda y ahí nos paramos a descansar. Compramos pan y unas salchichas para comer. Ahí encontramos otras personas que nos ayudaron a llegar a Los Ángeles. Me despedí de las mujeres sin preguntarles sus nombres.

Miguel Ángel,
Los Ángeles, California

Los soñadores no se dan por vencidos

Estábamos en el mejor país del mundo, y fue un error haber salido de Honduras donde llevaba una vida sin privaciones. Era vendedor profesional de seguros. Trabajaba para la mejor compañía del país. Ganaba un promedio de 50,000 lempiras. También cursaba el cuarto año de leyes en la Universidad Nacional Autónoma de Honduras.

Mi esposa era secretaria ejecutiva del controlador en la misma compañía de seguros. Entre los dos teníamos un buen ingreso. Vivíamos bien, tomábamos dos vacaciones al año, teníamos una empleada doméstica. De nuestros dos hijos, el mayor iba a una escuela privada y nuestro núcleo social era de clase media alta.

Un amigo que vivía en Estados Unidos empezó a llamarme a diario para que me reuniera con él. Me llenó la cabeza con promesas que después resultaron falsas. Llegamos a Estados Unidos en avión, sin ningún problema. El problema fue que, a pesar de buscar afanosamente al amigo de las promesas, el que me llamaba a diario, éste nunca apareció.

     ❦ ❦ ❦

A este país venimos a sufrir mucho, ha sido una lucha diaria. No es fácil ganar un ingreso que permita sostener a los hijos, pero no nos damos por vencidos.

Una ilusión, tal vez la más fuerte que me inspira a seguir luchando, es la de no dejarme vencer por este país. Soy un soñador y los soñadores no se dan por vencidos.

Mi recomendación a todos los que ya están aquí: Luchen por salir adelante y ¡por favor! no arrastren a nadie para que venga a sufrir a este país. No pretendamos que nuestros amigos y familiares sufran de la misma manera en que sufrimos nosotros.

Lo que nos mantiene a mi esposa y a mi aquí son dos cosas bien fuertes: El amor que como pareja nos tenemos y el amor que le tenemos a nuestros hijos.

Fernando,
Los Ángeles, California

¡Nos vienen siguiendo!

Ya no podía más, pero Juan, mi padrastro, me agarró de la mano y me dijo: —Sigue corriendo, ya pronto llegamos. —Corrimos, pero tuvimos que parar más adelante porque muchas de las señoras que nos acompañaban ya no podían. Yo era la única niña en el grupo.

Nos escondimos detrás de unos árboles. Como a los cinco minutos, otra vez tuvimos que correr, correr y correr hasta la segunda parada. Allí nos escondieron en botes de basura. Pasaron unos minutos y nos sacaron de los botes de basura para que cruzáramos una malla. Ya estábamos en San Isidro. Nos sentíamos a salvo, ya estábamos del otro lado. Tomábamos aire. Nos sobábamos los miembros adoloridos. Seguimos caminando hasta llegar a un *freeway*. La noche se nos había venido encima. Abajo del *freeway* nos hicimos bola para pasar la noche, con frío, mojados y con hambre. Sin poder dormir, nos encontró la mañana del día siguiente.

La nueva orden era abordar una van en cuanto ésta se apareciera. No tuvimos que esperar mucho, llegó puntual y no se paró hasta llegar a Oceanside. Ahí tuvimos que esperar a que se quitara el retén de inmigración. Pasaron dos horas de espera y nos cambiaron a una van diferente. Íbamos pasando el retén cuando el coyote nos avisó: —Nos vienen siguiendo. Me voy a detener y todos se salen corriendo y no saben nada del conductor.

Nos pusimos muy nerviosos, el coyote aumentó brevemente la velocidad para detenerse de repente a un lado del camino. Todos salimos corriendo, la inmigración nos rodeó y nos agarraron a todos. A la orilla del *freeway* nos vimos todos mojados y esposados. En ese momento se me fueron las ilusiones de volver a cruzar. Nos deportaron a Tijuana.

Ese mismo día decidimos intentarlo con otro coyote. Sin esperar la noche, el otro coyote nos explicó que pasaríamos en una van a la que le habían quitado los asientos. En el hueco cabía sólo una persona. A mí me tocó pasar primero. Hecha ovillo en el reducido espacio, cubierta por una alfombra y una llanta sobre la cabeza, podía escuchar los pasos del agente de la Migra. En español le pidió los papeles al coyote. También pude escuchar los gruñidos de los perros que husmeaban la llanta. Me sentía descubierta, sólo esperaba que alguien me dijera: —Sálgase de ahí. —En lugar de eso escuché que arrancó del carro. Sentí desmayarme del alivio. Luego se abrió una pequeña puerta—, puedes salir de ahí hasta que lleguemos a la segunda revisión.

Antes de la segunda revisión, me subieron a otro carro con otra persona. Pasamos sin problemas. Nos detuvimos en una ciudad para esperar a Juan. Nos sentimos felices de vernos vivitos y coleando.

Sheila,
Los Ángeles, California

Mi historia es como la de tantos niños

Mexicali es una ciudad fronteriza con Caléxico, California. Pocos lugares en el mundo tienen un clima tan caliente como Mexicali. A ella llegan muchas personas queriendo pasar al otro lado sin saber que por Mexicali es mucho más difícil cruzar a Estados Unidos. La garita de Mexicali es compacta, no tiene tantas líneas de cruce como Tijuana. Los de la Migra tienen más tiempo para revisar los papeles porque la gente que cruza es menos, pero eso no lo saben los que llegan del sur de México y Centroamérica.

Los que llegan a cruzar se sitúan en el Parque Chapultepec cercano a la garita. Ahí duermen, comen, se bañan y algunos cuelgan su ropa sobre las copas de los árboles. Las mujeres buscan el resguardo de los árboles. Se ven niños desencajados mirando con angustia el sol.

Me acuerdo cómo con el paso de los años el cerco que divide Caléxico de Mexicali se fue haciendo más sólido. Un día desapareció el alambrado lleno de hoyos y apareció una cerca metálica con alambre de púas. Fue como si la hubieran puesto de la noche a la mañana. También aparecieron más agentes vigilando la frontera. En el periódico se habló de una militarización de la frontera, pero nunca vi soldados, había puros agentes.

Mi trabajo era ayudar a las mujeres que cruzaban a comprar el pan, la leche y los huevos en Calexico. Yo me ponía a la salida del cruce y me ofrecía a ayudarlas. Ellas, aliviadas, descargaban en mí las pesadas bolsas. Las acompañaba hasta la parada del camión a cambio de unas monedas. Ése era mi trabajo. Algunas ya me conocían y mis servicios eran muy solicitados. Me convertí en parte del paisaje del cruce. Los mismos oficiales de inmigración me miraban y ya no se sorprendían cuando a un leve descuido me cruzaba del otro lado para encontrar a una mujer con las bolsas del mandado. Para mí era natural cruzar sin papeles a Calexico hasta que se presentó la idea de cruzar más allá del cerco.

La idea se la vendieron a mi papá y el intento por poco nos cuesta la vida. La pasada sería por el desierto de Yuma, Arizona. Éramos como siete personas, entre ellas mi 'apá y yo. El primer paso fue cruzar un río. Una persona que nadaba muy bien se encargó de cruzarnos uno por uno. Trepados sobre un tubo de llanta, éramos guiados a la otra orilla por el nadador. Todos pasamos bien.

El problema empezó en el desierto, la caminata se hizo más difícil ya que el calor pasaba los 100 grados fahrenheit. El sol nos hacía las cosas más difíciles. Rogábamos porque llegara la noche, pero la ausencia del sol no nos hizo las cosas más fáciles. Aprovechando la noche, caminamos por muchas horas, amaneció y volvió a anochecer. Me parecía que habían transcurrido tres días y nosotros seguíamos caminando.

Ya no teníamos agua ni comida. Un señor del grupo se cayó desplomado sobre una piedra. —Sigan ustedes, ya no puedo más.

El líder del grupo nos ordenó: —Vámonos, si se quiere quedar lo dejamos.

Mi 'apá quien también se veía muy cansado, dijo desafiante:—Sabes vale, o nos salvamos todos o a todos nos lleva la chingada.

Yo me sorprendí escucharlo tan decidido. El guía protestó

y mi 'apá no retrocedió, —Vete tú solo porque nosotros nos quedamos con este hombre y a ver qué dice Dios.

El coyote se fue junto con los demás y nosotros nos quedamos acompañando al señor. Nos miramos sin saber qué hacer o para dónde seguir. El hombre cansado también nos miraba. Así estuvimos un buen rato. De pronto, el guía apareció, se había regresado porque descubrió que estaba perdido.

Ya era de noche, una luna grande, redonda, blanca como un queso fresco nos iluminaba las caras. Era una luna bien bonita. Mi 'apá se levantó y dijo, —La luna va a ser nuestra guía.

Todos nos levantamos y empezamos a caminar. No sé cuánto tiempo pasó, empezaba a amanecer cuando divisamos un pozo, nos asomamos y en el fondo había un charco de agua lleno de moscas y animales. El agua se veía muy sucia. Por suerte no nos habíamos desprendido de unos galones que llevábamos. Como yo era el más pequeño, me tocó brincar con los galones y llenarlos. Descendí hasta llegar a aquel charco mal oliente. Había una cueva y, al acercarme, vi una estampa de la Virgen de Guadalupe. Llené los galones, a uno le puse un pedazo de mi camisa como si fuera coladera y me la tomé, con la sed que traía, me supo a agua de manantial. Ya en la superficie y saciada la sed de todos, reanudamos la caminata. El cansancio se volvía a sentir cuando apareció ante nosotros un enorme río lleno de agua cristalina, ahí nos bañamos y descansamos un rato. El último tramo de la caminata fue sin parar hasta llegar a un rancho donde le dieron trabajo a mi 'apá y a otras personas. A mí no me quisieron emplear por ser menor de edad. No me desanimé y me fui a la pizca de la *cherry*. Fue más la que comí que la que pizqué.

Pasaron los meses y mi rutina era trabajar y ahorrar. Llegó el día de mi cumpleaños y desde muy temprano sentí que algo especial me iba a pasar. Así fue: la Migra me agarró y me deportaron a Mexicali. No me di por vencido, al poco tiempo me volví a cruzar siguiendo la misma ruta y me propuse no volver a ser arrestado. Pasaron muchos meses de trabajo y más ahorro.

No había regresado a mi tierra en diez años. La nostalgia me golpeaba sobre todo en las noches recordando las tardes de raspados y de tacos de carne asada. Gracias a la amnistía pude arreglar mis papeles y pronto me convertiré en ciudadano. Ahora podré ir y venir cuando quiera.

Mi historia se la dedico a los niños de las ciudades fronterizas que salen a la calle en busca de algunas monedas para llevarles algo de comer a sus padres y hermanos.

Antonio,
Panorama City

Un paquete de tortillas fue nuestro alimento

Fue de noche cuando atravesamos la línea bajo una lluvia suave y fina, ésas que mojan a todo dar. Caminamos en total descubierto, nuestras ropas eran sencillas, no llevábamos ninguna protección. Conmigo viajaban mi esposa y un hijo de seis años. Un amigo cruzaría a mis otros dos hijos pequeños por la línea.

Los tres pasamos a San Isidro sin problemas, ahí nos encajuelaron con destino a la ciudad de los Sagrados Ángeles. Fue el 16 de marzo de 1979. Marqué esa fecha como si fuera mi segunda fecha de nacimiento, la primera por coincidencia había sido el 16 de marzo de 1949.

Como todo buen soñador, sólo pensaba vivir en Estados Unidos tres años, ahorrar tres mil dólares y regresarnos a México. Llegamos a Los Ángeles con una deuda de 500 dólares. Las primeras semanas las sobrevivimos con un paquete de tortillas al día. Fueron las dos semanas más difíciles de nuestra vida como familia. Ese fue el mes de marzo de 1979, para el mes de junio de ese año, ya habíamos pagado la deuda de los quinientos dólares de la pasada y, un año después, nacía nuestra primera hija en este país.

Creo que como muchos, mis planes también cambiaron. Mi plan inicial era ahorrar y que mi familia conociera la forma de vida de Estados Unidos. Para octubre de 1981 teníamos 4,500 dólares ahorrados con los que decidimos comprar una casa. Mis hijos ya empezaban a hablar en inglés. Pospusimos el regreso unos años más. Esa espera dio como fruto otros tres hijos, queríamos completar la media docena. Así fueron pasando los años y "el año que entra nos vamos" y nos fuimos quedando veinte años.

Gracias a la buena administración de mi esposa, pudimos pagar la casa que nos costó sesenta y cinco mil dólares en siete años. Recuerdo que enviado el último pago de la casa, decidimos comprarles por primera vez una ropita nueva a nuestros hijos. La señora de la tienda donde les compramos la ropa a nuestros hijos nos dijo que las cosas estaban cada vez más difíciles en Estados Unidos.

Yo les digo a los que van llegando que las cosas son difíciles pero no imposibles, todo está en saber luchar y superarse. Si alguien me pregunta cómo le hicimos, yo les doy esta frase: "La base del progreso económico es el trabajo y el ahorro".

Así como lo hicimos nosotros, otros lo pueden hacer. Los emigrantes no venimos a pedir nada regalado, estamos haciendo mucho por el engrandecimiento de esta nación.

Heriberto,
Los Ángeles, California

¿Serían las plumas en el sombrero?

En este momento parece que metí la llave en la cerradura correcta de mis recuerdos porque todos empiezan a salir. Dejé Zacatecas muy a mi pesar porque luché mucho para salir adelante junto con mi familia. En México tenía una camioneta, la vendí y compré una van americana. Sin pedirle permiso a nadie, menos al gobierno, establecí mi propia ruta como si fuera un camión de pasajeros.

Las autoridades me molestaban muy seguido, no me dejaban trabajar. Me pedían que comprara un carro nacional. Así lo hice, vendí la van y me establecí como camioncito de ruta. Pero las molestias siguieron porque el camión no estaba legalizado. Le pedí dinero a mi suegro para comprar un camión con placas nacionales. Pasaron cuatro años y al camión se le acabó la máquina, las llantas y se le fue cayendo todo lo demás. Me quedé sin dinero y sin camión, mi suegro me volvió a prestar para comprar otro en Estados Unidos. Ahí empezó mi aventura.

Llegué a Tijuana pensando que la pasada sería fácil. Me puse en contacto con un guía, no les digo coyotes porque pienso que ya son lobos. Nos detectan con mucha facilidad a los que queremos pasar al otro lado y se nos acercan. ¿Será por la voz? ¿Las plumas en el sombrero? ¿El sarape? Se te acercan y te empiezan a lavar el coco: —Mire compa, hoy la vamos a hacer en la noche, nomás prepárese para el pasaje y los taxis. —Muy inocentemente uno cae—. ¿No trae veinte pesos que me preste? Luego se los devuelvo. —Y uno a la esperanza de pasar, uno blandito, ingenuo, se los presta y lo friegan a cada rato. Es que uno no sabe cómo corre el agua y la lavada de coco es continua. Hasta que sale uno que sí lo lleva a la línea de láminas.

Los encontramos sentados mirando al otro lado, contando las camionetas de la Migra que por la forma de estar alineadas, todas verdes parecían enredaderas pegadas al cerro. Yo también me senté y así estuvimos mirando para el otro lado, dio la una de la mañana, luego dieron las dos y las tres. El guía nos dijo: —Agarren un cartón y acuéstense porque hoy ya no se hizo. Hoy no es el día. —Me recosté y, al poco rato, empecé con una comezón en todo el cuerpo. No sabía lo que pasaba. Otro compa me dijo: —Son las pulgas, aquí hay muchas.

Esa noche me regresé a dormir al cuarto donde me había quedado. Antes de dormirme me acordé de lo que dijo el guía, "Hoy no es el día", y cómo sabía que no era el día. En la mañana me bañé y me puse los mismos trapos. No tenía otros. Desayuné muy bien y regresé al mismo lugar donde había quedado el grupo. Pasó todo el día, llegó la noche y amaneció otro día y seguíamos ahí, mirando a la Migra. Hice un recuento de mis bienes: 90 dólares y quinientos pesos. Decidí irme de compras al Tianguis. Salí con dos pantalones de segunda, tres camisas y cinco pares de calcetines. Me los puse todos, se me dificultaba caminar con tanta ropa encima.

La rutina fue la misma y el guía volvió a decir: —Hoy tampoco es el día.

Yo me empecé a desesperar. Yo les rogaba a los santitos de mi devoción que ya se acabara la espera. Al siguiente día no quise esperar más. Decidí buscar otro guía para pasar por Tecate. Fue como si me estuviera esperando, aceptó pasarme, compramos agua y otros utensilios, pero al salir de la tienda nos agarró la inmigración mexicana. Andaban buscando a unos guías que dejaban a la gente abandonada. Nos tuvieron encerrados un día y luego nos soltaron. Para entonces mis recursos andaban muy bajos y daba una comida por día. Tres días después, lo volví a intentar por Tecate. Todo fue espera, decidí intentarlo por la línea. Grave error, me agarraron y después de las preguntas de rigor y la espera de casi todo el día, nos dieron una hamburguesa congelada, un jugo de manzana y una naranja. En ese momento me acordé que no había comido nada en todo el día y le di gracias a Dios por aquella comida.

Nos deportaron al día siguiente como a las siete de la mañana, tenía hambre, decidí gastar mis últimos pesos en un buen desayuno: cuatro tamales y un champurrado. Esa noche no descansé, decidí regresar al grupo original, ahí los encontré contándose sus historias para que pasara pronto el tiempo. Ese día el guía dio la misma sentencia: —Hoy tampoco es el día, duérmanse.

Nadie protestaba. Pues "¿qué estarán esperando?" pensaba. Decidí probar con otro guía. —Yo te voy a pasar por Tecate.

—¿Otra vez por Tecate? —le pregunté.

Me aseguró que esta vez la técnica sería diferente. Llegamos a Tecate y empezamos a subir un cerro muy alto. La Migra nos miró y nos regresamos para intentarlo de nuevo por la noche. Llegada la noche, empezamos a caminar por el mismo cerro, todo cuesta arriba, me faltaba la respiración, me senté en una piedra a descansar. Seguimos caminando, iba con mucha sed y no llevábamos agua. No pudimos avanzar mucho, una camioneta de la Migra nos estaba esperando, unos se echaron a correr pero yo me quedé ahí, con una sed de la fregada. Más adelante encontraron a otros tres compas. Ya arriba de la van, uno de ellos, bendito sea Dios, me ofreció agua y unos taquitos envueltos: —Compa, ¿quiere? —Tomé bastante agua y me comí tres tacos. Nos pasaron a otra van. De nuevo las preguntas de rigor y a las tres de la mañana nos echaron para afuera. Todos íbamos en un camión. Yo no pude dormir, iba admirando el paisaje del camino y rezando. Pensaba que con 105 kilos de peso y 38 años de edad, era un pollo demasiado gordo, por eso me encontraban. Con estos y otros pensamientos llegamos a la línea temprano. Me compré un café y me senté en una banca a disfrutar el espectáculo de la gente americana que entraba a nuestro país, predominaban los jóvenes. En ese momento pensé "¿cómo ellos pueden entrar a nuestro país cuando se les da la gana y hacen lo que quieren?" En ese momento pensé que no debería haber fronteras.

Regresé otra vez al primer grupo, transcurrieron más días descansando, dando vueltas a la iglesia para pedirle a los santitos que llegara el día que esperaba el guía. Yo no entendía exactamente qué día estaba esperando, pero cuando llegó, todos lo supimos. Fue como un milagro, el día amaneció y una espesa niebla como una sábana gigantesca cubrió todos los reflectores. No se veía nada. Él nos dijo: —Hoy es, ahora sí, vámonos.

Brincamos las láminas y caminamos sin parar por muchos caminos. Protegidos por la niebla, no había forma que nos detectaran. No sé cuántas horas caminamos, pero fueron muchas. Llegamos muy cansados y remojados. Le di gracias a Dios y al guía. Llegué a Los Ángeles con doce kilos menos de peso y con 30 pesos en la bolsa.

Salvador,
La Puente, California

Los del norte llegan muy "pipirisnais"

Decidí viajar a los Estados Unidos porque la gente que llegaba del norte a mi ciudad de León, Guanajuato, llegaban muy "pipirisnais". Yo era una muchacha de dieciséis años que decidió que con o sin permiso de mi familia se iría a Estados Unidos. Quería tener lo que tenían los que llegaban del norte: carro, ropa, joyas. En Guanajuato nunca iba a tener eso. También sabía que en Estados Unidos había mucho trabajo. Convencí a dos amigas y sin pensarlo mucho nos fuimos a Tijuana para de ahí cruzar a los Estados Unidos.

En Tijuana conseguimos un coyote. Nos dijo que nos cobraría 300 dólares por llevarnos a Los Ángeles. Nos citó en Playas de Tijuana y a la misma cita llegaron otras doce personas. Esperamos que oscureciera y la orden fue caminar, correr, agacharse y volver a caminar. Después de dos horas, el coyote dijo: —Tírense al suelo y si la Migra los agarra digan que vienen solos.

La Migra pasó de largo y llegamos a una casita tipo granja. Ahí estaban ya como treinta personas. Los coyotes empezaron a formar grupitos, nos quisieron separar a mis amigas y a mí, pero no lo permitimos. Nos acomodaron en un grupo de diez. Ya organizados nos sacaron a otra caminata. Ésta fue mucho más larga. Pasamos charcos, lodazales, veredas, barrancos y matorrales. Entre caídas, sentones y levantadas llegamos a una autopista.

Nos esperaba un carro de cuatro puertas. En el carro iban dos coyotes adelante. Fuimos de las primeras, nos acomodaron a las tres en cuclillas atrás del carro. En un asiento acomodaron a toda una familia de cuatro niños, la mamá y el papá. En la cajuela cupieron cinco muchachos. El carro arrancó quemando llanta. Nos parecía que iba a mil por hora. Los niños iban en el piso llorando, asustados, golpeándose, rebotando sobre el suelo como canicas. El coyote gritaba: —¡Cállense!

Así continuamos hasta la caseta de revisión. Me parecía que iba a ser un milagro que no notaran tantas personas en un sólo carro. El milagro se dio, en el preciso instante en que debía vernos, volteó la cabeza al lado contrario para encender un cigarrillo. Con la mano nos dio el pase. Pasamos. No hubo más paradas ni revisiones. Los coyotes nos repartieron en diferentes direcciones.

Olga Lidia,
Hollywood, California

Me dijeron que se ganaba mucho

Me dijeron que en Estados Unidos se ganaba mucho dinero y que se vivía muy bien. Por eso vendimos nuestras poquitas cosas para tener dinero para el viaje. Lo malo es que no nos alcanzó para el autobús, menos para el avión y terminamos comprando un pasaje en el tren. El tren avanzaba muy despacio. Primero se oía un "traca, traca, traca". Parecía que estaba parado. Nomás por los postes de la luz que dejaba atrás, sabía que sí caminaba. Así despacio siguieron los días del viaje. Me acuerdo lo sofocada que iba la gente en los vagones. No había aire acondicionado. Todos íbamos apretados. Mi esposa miraba lo que yo traía en los brazos. Sonreía pensando en nuestro único tesoro.

Por fin llegamos a Mexicali y de ahí nos fuimos a Tijuana, mi esposa, yo y nuestra carga, era lo único que poseíamos. En Tijuana estuvimos tres días mientras mis cuñados conseguían quién nos cruzara. Encontraron a un señor que intentó pasarnos por el cerro. Me advirtió que la carga que llevaba era peligrosa porque me la podían quitar los de la Migra. Yo les dije que primero me quitaban la vida. Mis cuñados también insistieron en que la dejara, que después me la llevaban, pero yo no cedí, ni mi esposa tampoco.

El primer intento se hizo de noche, la carga la llevaba yo. Mi esposa no le despegaba la vista. Caminamos por el cerro, pero en el primer intento nos arrestaron. Lo volvimos a intentar y esta vez nos llevaron a la cárcel. El agente de inmigración respetó lo que llevaba en los brazos. Nos dejaron libres la siguiente mañana. Lo volvimos a intentar con otro señor. Esta vez sí pasamos. Nos cruzó por un lado de la línea.

La carga que yo llevaba en los brazos ahora tiene diez años, va a la escuela y, cada vez que puedo, le compro libros. Tiene un hermanito de tres años, año y medio más de lo que él tenía cuando cruzamos el cerro aquella noche fría.

> *Benito,*
> *Los Ángeles, California*

Aterrizamo en Francia y no en Nueva Yol

¡Qué va mi amiga! Que llegaron los guardias de Castro y nos pidieron la casa. Así mismitico fue en el año 1972. Pregúntate tú qué haces si alguien llega y te da una hora para dejar tu casa. Muchacha, así como tú lo oyes. Los guardias de la migración cubana llegaron a las puertas de la casa pa' avisarnos que teníamo una hora para hacer maleta y tóo. Nosotro ya habíamo hecho planes de dejar el país en los siguientes dos días, pero no en ese momento. Tú sabe cómo se puso mi abuela, junto con mi mamá, papá, hermano y una hermana. Yo no sé si tú sabe que cuando un cubano sale de Cuba, lo único que le permiten sacar de la casa es la imagen de su virgen y nosotro nos llevamos a la Virgen de Santa Bárbara.

Ya tú sabe, los dos días que nos faltaban para salir todo ajetreao. No m'ijita, qué va. Nadie nos quería en su casa. Tenían miedo a la represalia de Castro, muchacha, que hasta que una tía-hermana de mi mamá se apiadó de nosotro y nos recibió en su casa. Qué cosa más grande, una muestra de amor como pocas.

Llegó el día de la salida y nos fuimos sin equipaje porque no nos permitieron sacar náa. Tampoco llevábamos dinero, porque en esa época al que le encontraran un dólar era castigado con cárcel por "contrabando de moneda ilícita".

No llevábamos dinero cubano porque la moneda cubana

185

no tiene valor en ninguna parte del mundo y su valor es menor a cualquier otra moneda. Salimos sin náa. Volamo veinticuatro horas seguidas y, pérate un minutico, que cuando pensamo que llegábamo a Nueva Yol, aterrizábamo en Francia. No sé cómo pasó eso, muchacha.

Nos bajaron del avión y nos llevaron a una sala de espera del aeropuerto. Ahí nos tuvieron dos horas. Después abordamos el mismitico avión y llegamos a España. Era el 6 de septiembre de 1972. Al llegar ahí, la autoridade española no sabían qué hacer con nosotro. Ese vuelo no figuraba. Nos detuvieron por un largo rato con un frío de grados bajo cero. Imagínate, salir del calor de Cuba y entrar a una nevera. Sin dinero, sin saber a donde ir o a quién dirigirnos, nos sentamos en el piso, en una esquina del aeropuerto. No chica, no seas boba, no nos dieron ni un vaso de agua. Cuando se me ocurrió pedir un vaso de agua a una azafata para mi madre quien se estaba muriendo de la sed, ¿sabe lo que me contetó? —Yo no le doy agua a ningún anticomunista —eso mismitico dijo.

Salimo del aeropuerto y un taxista al que yo llamo "nuestro ángel guardián", al ver nuestra situación, nos llevó a un hostal, así se le dice en España a los hoteles como los Six. Muchacha, esa noche se despidió el ángel de nosotro y yo pensé que se elevaría al mismitico cielo. Pensamo que no lo veíamos má, pero qué va. Qué cosa más grande, regresó cargao de dulces y café caliente. Mi padre al ver eso, se le salieron las lágrimas.

—Siempre hay un mejor mañana. Algún día ustedes harán lo mismo por otra persona. Entonces la deuda que tienen hoy conmigo estará saldada —nuestro ángel dijo todo eso antes de marcharse.

Al otro día, el ánimo lo teníamos más reanimao. Mi mamá le pidió a la dueña del hostal que le permitiera llamar a Estados Unidos por cobrar a mi tía. Ella no la dejó y le puso candao al teléfono. Necesitábamo que nos mandara dinero. Entonces pensamo en que teníamo que salir a la calle a pedir dinero.

No sabíamo a dónde ir. ¿Tú sabe cómo es el frío de Europa? Es tan frío que te llega a los huesos. Bueno, déjame acabar con esta historia. Seguimos caminando y vimos una iglesia católica y sentimo que la Virgen de Santa Bárbara nos había abierto las puertas del cielo. Ahí nos ayudarían. Entramo confiado de que recibiríamo algún alimento caliente. Al vernos, el padre simplemente dijo: —Lo siento hijos míos, no los puedo ayudar.

Salimos de la iglesia muy decepcionao.

Muchacha, lo que caminamo sin rumbo, sin dirección cuando nos encontramo a otro de nuestros ángeles. Nos dijo que en el café Galaxia, a una cuadra de ahí se reunían muchos cubanos. Llegamo al lugar y un señor llamado Félix nos dio hospedaje, comida y nos permitió llamar a mi tía. Lázaro, otro señor, nos llevó a una iglesia masónica y ahí nos dieron abrigos, ropa y bolsas de comida. Nos sentimo aliviao, pero ya el frío y la desnutrición había dañado la salud de mi madre, porque al poco tiempo, casi se me murió.

A Estados Unidos llegamo después y me puse a pensar todo lo que habíamo sufrido para tener una vida mejor.

Pilar,
Los Ángeles, California